COMPTE RENDU OFFICIEL

DU

Premier
Congrès National Belge
de la Paix

RÉUNI A BRUXELLES
les 3 et 4 juin 1913

PUBLIÉ PAR
LE COMITÉ D'ORGANISATION

Premier Congrès National Belge de la Paix

COMPTE RENDU OFFICIEL

DU

Premier
Congrès National Belge
de la Paix

RÉUNI A BRUXELLES

les 8 et 9 Juin 1913

PUBLIÉ PAR

LE COMITÉ D'ORGANISATION

9, SQUARE VERGOTE, BRUXELLES

DOCUMENTS PRÉLIMINAIRES

1. Circulaire d'invitation.
2. Règlement du Congrès.
3. Programme.
4. Liste des membres.

Circulaire d'invitation

Bruxelles, le 15 mars 1913.

A l'exemple des grands pays qui nous entourent, la Grande-Bretagne, la France et l'Allemagne, à l'exemple des États-Unis d'Amérique, nous avons pensé qu'il était du devoir et de l'intérêt d'un pays neutre comme le nôtre d'organiser, en faveur de la paix internationale, une manifestation nationale à laquelle puissent prendre part les représentants de tous les groupements pour lesquels le maintien de la paix est une nécessité et une condition d'existence et de prospérité.

Dans un pays paisible et actif comme la Belgique, tout entier voué à la production et dont la vie n'est assurée que grâce aux relations cordiales qu'il a pu nouer avec tous les pays de la terre, le besoin d'une paix stable est ressenti plus énergiquement que partout ailleurs. Nous sommes donc convaincus que la réunion d'un congrès, ouvert à toutes les bonnes volontés, sera accueillie avec la plus vive sympathie par toute notre population et que partout des adhésions nombreuses répondront à notre appel.

Le programme provisoire a été établi comme suit :

1. Le Respect des frontières neutres.
2. La Paix et l'Éducation.
3. La Liberté du commerce en temps de guerre.
4. Le rôle de la Presse devant la guerre et la paix.

Un bulletin d'adhésion est joint à la présente invitation ; il serait utile qu'il soit renvoyé dans le plus bref délai possible pour permettre au Comité d'organisation de prendre en temps voulu les mesures d'exécution nécessaires.

Agréez, M   , l'assurance de notre considération la plus distinguée.

LE COMITÉ D'ORGANISATION :

Président :   M. HOUZEAU DE LEHAIE, sénateur.
Vice-Présidents :   Mⁱⁱᵉ M. ROSSEELS ;
               MM. HECTOR DENIS (1), député ;
               Rév. Père RUTTEN.
Membres :   ROLAND DE MARÈS, journaliste ;
               KARL HANQUET, professeur ;
               JACQUES-HOUSSA, notaire ;
               VICTOR JOURDAIN, journaliste ;
               MAHAIM, professeur ;
               Abbé RICHARDSON ;
               SLUYS, directeur d'école ;
               VAN ELEWYCK, négociant.
Secrétaire général :   H. LA FONTAINE, sénateur.
Secrétaires :   CH. ROSSIGNOL, instituteur ;
               MARINUS ;
               Mⁱⁱᵉ HAMER.

---

(1). M. Hector Denis décédé pendant l'organisation du Congrès a été remplacé par M. Emile Royer.

Règlement du Congrès

1. Le Premier Congrès National de la Paix se réunira à Bruxelles, les 8 et 9 juin 1913.

2. Le Congrès a pour but l'étude de tous les problèmes qui tendent à assurer la paix entre les États et à limiter au minimum les dépenses militaires. Seront exclues des débats toutes les questions de parti et de religion.

3. Seront membres effectifs du Congrès avec voix délibérative, toutes les personnes qui adhéreront au but défini dans l'article précédent et qui s'engageront à payer une cotisation de cinq francs au moins. Seront membres assistants au Congrès avec voix consultative, toutes les personnes qui payeront une cotisation de deux francs. Les sociétés pourront adhérer au Congrès dans les mêmes conditions et s'y faire représenter chacune par un délégué.

4. Seules les personnes ou les sociétés qui payeront une cotisation de cinq francs auront le droit de recevoir le compte rendu des débats.

5. La séance solennelle d'ouverture aura lieu le 8 juin, à 10 heures du matin. Les séances de discussion se tiendront de 2 à 5 heures le 8 juin et de 9 à 12 heures le 9 juin. Une séance de clôture aura lieu le 9 juin à 3 heures.

6. Lors de la séance d'ouverture, il sera donné lecture du rapport du comité d'organisation sur les travaux préliminaires ainsi que sur la situation générale du mouvement pacifiste. L'assemblée procédera à la nomination du bureau du Congrès et à son installation.

7. Le Comité d'organisation pourra organiser des sections au sein du Congrès. Il en désignera les présidents et les secrétaires.

8. Le Comité d'organisation veillera à ce que sur chacune des questions à discuter, un rapport préliminaire soit distribué quinze jours au moins avant la réunion du Congrès.

Programme

Dimanche 8 juin

A 10 heures ½ Cérémonie inaugurale dans la Salle des Fêtes de la Grande Harmonie (rue de la Madeleine, 81).

A 2 heures ½ Séance du Congrès dans la Grande Salle de l'Hôtel Ravenstein (rue Ravenstein, 3).
Discussion des questions mises à l'ordre du jour.

Lundi 9 juin

A 10 heures Séance du Congrès à l'Hôtel Ravenstein.
Discussion des questions mises à l'ordre du jour.

A 2 heures ½ Séance de clôture à l'Hôtel Ravenstein.
Organisation d'une permanence des Congrès Nationaux de la Paix.
Fixation de la date et du lieu du prochain Congrès.
Discours de clôture.

SÉANCE D'OUVERTURE

1. — *Hymne à la Paix*, chœur chanté par les élèves de l'École communale d'Ixelles nº 13 ; paroles de François Coppée ; musique de Schoeren.
2. — Discours du Président du Comité d'organisation, M. le Sénateur Houzeau de Lehaie.
3. — Discours du Secrétaire Général du Comité d'organisation, M. le Sénateur La Fontaine.

4. — *Hymne à la Fraternité*, chœur chanté par les élèves de
l'École communale d'Ixelles n° 13 ; paroles et musique
de Constantin Piron.

5. — Discours de M. l'abbé Richardson, délégué de la Société
des Catholiques belges pour la Paix.

6. — a) *L'Attaque du Moulin*, d'après Emile Zola ; poème de
Louis Gallet ; musique d'Alfred Bruneau ;

b) *Chant de Paix* ; poème de Hubert Stiernet ; musique
de Fl. Duysburgh ; exécuté par Mlle J. Nyssens,
MM. C. Nyssens et Fl. Duysburgh.

7. — Conférence de M. Lucien Le Foyer, ancien député de
Paris, secrétaire de la délégation permanente des Sociétés
françaises de la Paix, membre du Bureau international
de la Paix.

HYMNE A LA PAIX

Paroles de F. Coppée   Musique de Schoeren

I

La paix sereine et radieuse
Fait resplendir l'or des moissons.
La nature est blonde et joyeuse,
Le ciel est plein de grands frissons.

II

Viens, nous t'offrons l'encens des meules,
Reste avec nous dans l'avenir.
Les bras tremblants de nos aïeules
Sont tous levés pour te bénir.

III

Le front tourné vers ton aurore,
Heureuse paix ! nous t'implorons,
Et nous rythmons l'hymne sonore
Sur les marteaux des forgerons.

Refrain

Vive la paix dans la forge noire
Et dans le pré blanc de troupeaux.
Salut ! ô reine, Salut ! ô gloire,
Salut ! travail, Salut repos.

HYMNE A LA FRATERNITÉ

Paroles et Musique de Constantin Piron

I

Salut, noble idéal de justice et d'amour !
Sainte fraternité, sublime espoir des hommes !
Nous te donnons nos cœurs:
Nous te donnons nos cœurs et, jusqu'au dernier jour,
Tu seras notre foi sur la terre où nous sommes.
Les peuples ont compris ta grande et douce loi
Que bénit tout mortel : tous les hommes sont frères !
Et de l'humanité les vœux montent vers toi :
Tu vas sécher ses pleurs et finir ses misères.
Salut, noble idéal ! Salut, fraternité !

II

Il ne faut plus de sang où le blé doit pousser :
Supprimons les canons et brisons les épées !
Nous voulons dans nos champs,
Nous voulons dans nos champs que l'on puisse passer
Et voir toutes les mains aux moissons occupées.
Nous savons que par toi, sainte fraternité
Le bonheur et la paix règneront sur le monde ;
La force n'aura plus le pas sur l'équité
L'homme sera meilleur, la terre plus féconde !
Salut, noble idéal ! Salut, fraternité !

L'ATTAQUE DU MOULIN

d'après Émile Zola

Poème de Louis Gallet   Musique d'Alfred Bruneau

Ah ! la guerre, l'horrible guerre !
Je l'ai vue ! oh ! oui ! J'en ai trop souffert.
C'est le châtiment de la terre
Que Dieu punit par la flamme et le fer !
Les cavaliers lâchés au travers des vallées
Ecrasant les moissons,
Les grands blés mûrs détruits, les avoines foulées,
Sous l'enragé galop des bêtes fouaillées
Qui traînent les canons.
Les toits incendiés, le sang et le pillage,
Tous les travaux anéantis,
La mort du pauvre monde, et le deuil au village...
Ah ! la guerre, je la maudis.

Vous les avez connus, vous tous, mes deux grands fils,
Jean, Antoine, tous deux si vaillants à l'ouvrage,
Et pleins d'un si mâle courage,
Quand la guerre me les a pris.

Je les revois encore, dressant leur haute taille,
Ils sont tombés, dans la même bataille,
En un moment tous deux, la mort les a fauchés,
Je ne sais pas où leurs corps sont couchés.
Oui — la voilà — la guerre.

CHANT DE PAIX

Poème d'Hubert Stiernet   Musique de Fl. Duysburgh

Dans le silence de la plaine,
Lançant devant lui le grain blond,
Le grave semeur à voix pleine,
Entonne son hymne profond :

O Paix, sereine paix, semeuse de richesse,
Laisse croître et mûrir l'épi
Reste parmi nous ô Déesse
Et répands tes bienfaits sur notre sol chéri.

Dans les trépidantes usines
Echevelant au ciel leurs feux,
Grondent les énormes machines
Aux longs accords majestueux.

O Paix, sereine Paix semeuse de richesse,
C'est ton chant qui résonne aussi
Reste parmi nous ô Déesse
Et répands tes bienfaits sur notre sol chéri.

Liste des Membres

ABBELOOS, BRUXELLES.
ALLIANCE BELGE DES FEMMES POUR LA PAIX PAR L'ÉDUCATION, ANVERS.
ANDRÉ, ÉMILE (Mme), 59, rue Véronèse, BRUXELLES (Nord-Est).
ANDRÉ, Valentine (Mlle), 59, rue Véronèse, BRUXELLES (Nord-Est).
ARNTZEN, M. (Mme).
BAECKE, Léon, ETTERBEEK.
BAILLY, Philémon, 8, avenue des Germains, BRUXELLES.
BELGA KATOLIKA ESPERANTISTA LIGO.
BENS, M. (Mme).
BERGMANN, Ernest, LIERRE.
BERNARD, KOEKELBERG.
BÉTHUNE, A., LIÉGE.
BIEN-ETRE SOCIAL, LIÉGE.
BLONDIAU, E. (Mme).
BOEL, M., SCHAERBEEK.
BONNET, Edmond, président de la Société Pacifiste de Forest, 125, rue
     Guillaume Duden, FOREST.
BOTSON, Edmond, 117, chaussée de Wavre, JODOIGNE.
BOVERIE, H., HERSTAL.
BRANDENBURG, N. C. J., 16, rue Destouvelles, BRUXELLES.
BRIFAUT, Valentin, 131, rue de Stassart, BRUXELLES.
BRUNEAU, BRUXELLES.
BUFQUIN DES ESSARTS, Gustave, président de l'Association de la Presse
     belge, 24, rue du Collège, CHARLEROI.
BURVENICH, M. (Mme).
CARLIER (Mme), 32, rue Africaine, SAINT-GILLES.
CATTEAU, sénateur, 1, rue de Turin, BRUXELLES.
CAVROT, Ferdinand, député, LA HESTRE.
CERCLE D'ENSEIGNEMENT POPULAIRE, TOURNAI.
CERCLE DES CONFÉRENCES POPULAIRES, 14, rue de la Monnaie, LOUVAIN.
CHAPEAUVILLE, Henri, médecin principal, 25, rue Virton, ARLON.
CHAPEAUVILLE, Rosine (Mme), 25, rue Virton, ARLON.
CHARLIER, FOREST.

CHEVALIER, Alfred, sénateur, SAINT-GHISLAIN.
CHOTTAU, G., BRUXELLES.
COCQ, BRUXELLES.
COLAS, E. (Mme).
COLAUX, Eugène, député, VIRTON.
COOMANS, Léocadie (Mlle), 116, chaussée de Haecht, SCHAERBEEK.
CRANS, Oscar, 271, avenue Brugman, BRUXELLES.
DAELS, Frans, 103, rue Neuve Saint-Pierre, GAND.
DALLEMAGNE, Jules, député, 35, rue Darches, LIÉGE.
DAUMERS, Th., directeur de l'École primaire n° 13, 11, place Anneessens, BRUXELLES.
DE BAST, Camille, sénateur, 42, Coupure, GAND.
DE BAVAY, 52, rue des Palais, SCHAERBEEK.
DEBRUYN, Léon, banquier, SAINT-TROND.
DE CAE (Mme), régente d'École moyenne, BRUXELLES.
DEFONTAINE, TOURNAI.
DE GEYNST, G., HUY.
DE HAESELAER, H. (Mme).
DEJARDIN, Joseph, député, BEYNE-HEUSAY.
DE LANIER, Ernest, LOUVAIN.
DE LAVELEYE (Baronne), JETTE-SAINT-PIERRE.
DELBEKE, Léopold, artiste-peintre, 7, rue Coëtlogon, PARIS (VIe).
DELCHEVALERIE, Laure, journaliste-rédactrice de l'*Express*, 151, boulevard Sauvenière, LIÉGE.
DELHAIZE, GOSSELIES.
DENIS, F., SAINT-GILLES.
DE SAVOYE, Eugène, sénateur, SOIGNIES.
DE TIÈRE, directrice d'École moyenne, BRUXELLES.
DEVADDER, Victor, avocat, 16, rue Blanche, IXELLES.
DEVIGNE (Mlle), 6, Galerie du Roi, BRUXELLES.
DE VISSCHER, Fernand, avocat à la Cour d'Appel de Bruxelles, 65, avenue de Cortenberg, BRUXELLES.
DE VLIEGER, Ch., SAINT-GILLES.
DETRY, KOEKELBERG.
DEWALHENS, Amaury, TIRLEMONT.
DHAEYER, Georges, 35, boulevard Charlemagne, BRUXELLES.
DRECKSEL, M., HUY.
DUBOIS, Aug., LOUVAIN.
DUBOIS-RAMIOUL, H. et fils, vins en gros, 122, boulevard de la Sauvenière, LIÉGE.
DUFOURNY (Mme), régente d'École moyenne, BRUXELLES.
DU PORTAIL, BRUXELLES.
EISENMANN, 6, boulevard Léopold, ANVERS.
EISENMANN, Hanna (Mlle), 6, boulevard Léopold, ANVERS.
EISENMANN, Jenny (Mlle), 6, boulevard Léopold, ANVERS.
ENGELS, FOREST.
EXTENSION UNIVERSITAIRE, AMAY.

EYMAEL, Adolphine (Mlle), directrice d'École moyenne, BRUXELLES.
EYMAEL, Léopoldine (Mlle), régente d'École moyenne, 21, rue Blanche, BRUXELLES.
FÉDÉRATION BRUXELLOISE DES UNIVERSITÉS POPULAIRES, BRUXELLES.
FÉDÉRATION DES COMMERÇANTS-DÉTAILLANTS DE BELGIQUE, 23, rue d'Allemagne, BRUXELLES.
FÉDÉRATION DES ŒUVRES D'ENSEIGNEMENT POPULAIRE DE LA PROVINCE DE LIÉGE.
FÉDÉRATION GÉNÉRALE DES INSTITUTEURS BELGES.
FÉDÉRATION NATIONALE DES UNIVERSITÉS POPULAIRES.
FÉRON, Maurice, député, 31, rue de Turin, BRUXELLES.
FERRARI, H., BRUXELLES.
FIEVEZ, Charles, 59, boulevard Lambermont, BRUXELLES.
GAILLARD, Joseph, chanoine, 58, rue du Paradis, LIÉGE.
GANZ, Édith (Mme), 42, avenue Rogier, BRUXELLES.
GAUSSIN, F., docteur, CINEY.
GAVERIAU, Edouard, mécanicien des ponts et chaussées, HARCHIES.
GÉRARD-FALLY, Henri, QUIÉVRAIN.
GÉRARD, Léo, ancien bourgmestre de Liége, 76, rue Louvrex, LIÉGE.
GIHOUSSE, E, AMAY.
GILLET (Mme), régente d'École moyenne, BRUXELLES.
GILMONT, Ernest, 11, rue des Francs, BRUXELLES (Cinquantenaire).
GOBLET D'ALVIELLA (Comte), sénateur, 10, rue Faider, BRUXELLES.
GOEMANS, Léon, 69, avenue Royale Sainte-Marie, SCHAERBEEK.
GOODMAN, Claudine (Mlle), 14, avenue du Parc Royal, LAEKEN.
GRAND ORIENT DE BELGIQUE.
GUILLIAUME, Anna (Mlle), 52, rue de la Brasserie, BRUXELLES.
HAMER (Mlle), 42, rue Schul, ANVERS.
HANQUET, Karl, professeur, 19, rue de la Paix, LIÉGE.
HANREZ, Prosper, sénateur, 190, chaussée de Charleroi, BRUXELLES.
HARMEGNIE, Alphonse, député, vice-président de la Chambre des Représentants, MONS.
HIARD, Léon, sénateur et industriel, HAINE-SAINT-PIERRE.
HOTON, L., docteur en Sciences, 139, avenue de l'Observatoire, LIÉGE.
HOUZEAU DE LEHAIE, sénateur, MONS.
HUYGHENS, E. (Mme).
JACQUES-HOUSSA, Paul, notaire, WAREMME.
JACQUET, J., AMAY.
JAMAR, instituteur, 94, avenue du Parc, SAINT-GILLES.
JEENER, G., SAINT-GILLES.
JEUNE BELGIQUE PACIFISTE, ANVERS.
JOURDAIN, Victor, directeur du *Patriote*, Montagne-aux-Herbes-Potagères, BRUXELLES.
JOURET, Paul-Henri, député, FLOBECQ.
KEMP, H., directeur d'École, 135, rue d'Espagne, BRUXELLES.
KRUMME, E. (D^r^), 19, rue Hermann, BRUXELLES (Nord).
KUFFERATH, F., ingénieur, 27, rue Vergote, BRUXELLES.

La Fontaine, H., sénateur, 9, square Vergote, Bruxelles.
La Fontaine, H. (Mme), 9, square Vergote, Bruxelles.
La Fontaine, Léonie (Mlle), Bruxelles.
Laminne, Jacques, 11, rue de Bériot, Louvain.
Lannoy, Ed., 28, rue Blanche, Saint-Gilles.
Lauwers, Oscar, Limal.
Lazard, L., Saint-Gilles.
Lefébure, Charles, juge de paix, Gembloux.
Lefèvre, Émile, professeur à l'École militaire, 56, rue d'Oultremont,
     Bruxelles.
Lejeune, Émile, premier commis à titre personnel à l'Administration
     provinciale du Luxembourg, Arlon.
Lemmens, J., Abbé, Liége.
Leto, Victor, Bruxelles.
Ligue de l'Enseignement, 110, boulevard du Hainaut, Bruxelles.
Ligue Internationale des Pacifistes catholiques, Bruxelles.
Ligue Théosophique pour la Paix Universelle, Anvers.
Loge la Constance de Louvain, Louvain.
Loge des Amis Philanthropes, Bruxelles.
Mabille, Léon, député, Le Rœulx (Hainaut).
Maenhaut, Jules, député, château de Lemberge par Moortzele.
Magis, Alfred, sénateur, 9, quai de l'Industrie, Liége.
Magnette, Ch., sénateur, Liége.
Mahaim, professeur, avenue des Deux Hêtres, Cointes, Sclessin (Liége).
Mallieux, Liége.
Marburg, Théodore, 33, rue de la Science, Bruxelles.
Marchal, Victor, directeur des services de la Questure du Sénat,
     Bruxelles.
Marinus, Albert, 55, rue Van de Weyer, Bruxelles.
Marinus, Alice (Mlle), secrétaire de la Jeune Belgique Pacifique,
     40, rue Schül, Anvers.
Martens, G., Bruxelles.
Martin, Jules, 38, rue Remblai, Bruxelles.
Marynissen, Georges, 122, boulevard Léopold, Anvers.
Masson, Fulgence, député, avocat, Mons.
Mauthey-Lange, Berthe (M^e), 251, avenue Longchamps, Uccle.
May, A., 12, rue de la Colombe, Zurenberg-Anvers.
Mellarts, J., Bruxelles.
Mestdagh, Jules, instituteur, 43, rue de la Levure, Ixelles.
Mosselman, Fernand, avocat, sénateur, Mons.
Noest, Angélique, secrétaire-adjointe de l'Alliance belge des Femmes
     pour la Paix par l'Éducation, 12, avenue Cogels, Anvers.
Nyns-La Gye, Bruxelles.
Nyssens, Antoine, 319, rue des Palais, Bruxelles.
Nyssens, Carl, 319, rue des Palais, Bruxelles.
Nyssens, Émile (père), 319, rue des Palais, Bruxelles.
Nyssens, Émile (junior), 319, rue des Palais, Bruxelles.

Nyssens, J.-L., 319, rue des Palais, Bruxelles.
Nyst-Nypels, 43, square Vergote, Bruxelles.
Ogez de Hagenbroeck, Dre, 23, avenue Michel-Ange, Bruxelles.
Otlet, Paul, 44, rue Fétis, Bruxelles.
Paco, groupe catholique espérantiste d'Anvers.
Parmentier, Maurice, Rixensart.
Paulius, Achille, 41, rue des Villas, Verviers.
Pecher, Édouard, député, avocat, Anvers,
Peters-Dorsuifang, Juliette (M^o), 48, chaussée de Statte, Huy.
Petit-Bois, G., José par Herve.
Pirmez, Maurice, député, Chateau d'Acoz.
Piron, Constantin, conducteur honoraire des ponts et chaussées, 31, rue Maximilien, Ixelles.
Prins, Florent, 65, rue Frédéric de Mérode, Berchem (Anvers).
Puissant, Adolphe, architecte, 167, rue du Noyer, Bruxelles.
Puttemans, Auguste, statuaire, 6, avenue Jeanne, Bruxelles..
Raymond, Jacobs, receveur communal à Duffel.
Rey-Gérard, Hélène (Mme), 55, rue des Champs, Liége.
Richardson, Austin (Abbé), professeur à l'Institut Saint-Louis, rue du Marais, Bruxelles.
Richir-Baudhuin, V., négociant, Hannut.
Ritzitzka, Ant., 242, rue Josaphat, Bruxelles.
Rolland, Henri, sénateur, avocat, 28, rue Ferrer, Mons.
Rosseels, François, ancien conseiller provincial, Hove (Anvers).
Rosseels, Marie (Mlle), 27, avenue Pierre-Reypens, Vieux-Dieu.
Rossignol, Charles, instituteur, 44, rue du Houblon, Bruxelles.
Royer, Émile, avocat, député, 131, rue du Tyrol, Saint-Gilles.
Rutten, G., (R. P.), secrétaire général des Unions professionnelles chrétiennes de Belgique, Gand.
Ruzette (Baron), sénateur, gouverneur de la Flandre Occidentale, Bruges.
Sarton, J., commandant d'artillerie, 12, rue Simons, Anvers.
Sarton, Marguerite (Mlle), 12, rue Simons, Anvers.
Schepers, H. (Mme).
Schoenmaekers, Antoine, avocat, Rosoux-Goyer.
Section de la Paix du Conseil National des Femmes belges, Bruxelles.
Sebrechts, A. (Mme).
Simonis, Armand, industriel, 28, rue de Limbourg, Verviers.
Sluys, directeur d'école, rue J.-B. Labarre, Uccle.
Smets-Mondez, Gustave, docteur en droit, Genval.
Société belge de la Paix et de l'Arbitrage, Bruxelles..
Société belge d'Étude et d'Expansion, Liége.
Solvay, Ernest, industriel, 43, rue des Champs-Élysées, Bruxelles.
Spirlet, L. (Mme).
Stameschkine, G., 34, rue du Magistrat, Bruxelles.
Steppé, Adèle (Mlle), directrice de l'École n° 3 (filles), 1, Ganshorenstraat, Jette-Saint-Pierre.

Struye, sénateur, 20, rue Saint-Jacques, Ypres.

Théodor, Léon, député, 118, rue du Commerce, Bruxelles.

Thielens, Émile (Mme Vve), 15, rue Saint-Benoît, Vieux-Dieu-lez-Anvers.

'T Hoen (Mme), 32, rue de l'Amazone, Bruxelles.

Timmermans, L., Ixelles.

Trojan, Emmanuel, 1, rue du Cerf, Forest.

Université Ouvrière « L'Émancipation », Maison du Peuple, rue Joseph-Stevens, 17, Bruxelles.

Université Populaire de Chapelle-lez-Herlaimont.

Université Populaire de Forest « La Solidarité intellectuelle ».

Université Populaire d'Etterbeek.

Université Populaire de Gosselies.

Université Populaire de Huy.

Université Populaire de Jette-Saint-Pierre.

Université Populaire « Essor Intellectuel », Koekelberg.

Université Populaire de Molenbeek-Saint-Jean.

Uuniversité Populaire « Le Foyer Intellectuel », Saint Gilles.

Université Populaire de Schaerbeek, 91, rue des Palais, Schaerbeek.

Université Populaire d'Uccle.

Valentin, Godefroid-Émile, docteur en philosophie et homme de lettres, 186, avenue des Fleurs, Uccle.

van Albada de Haan Hettema (Mme), 323, rue des Palais, Bruxelles.

van Albada de Haan Hettema. Georges, 323, rue des Palais, Bruxelles.

Vanderborght, Antoine, sénateur, Grandglise.

Van de Venne, Raymond, sénateur, Sweveghem.

Van Doorne, L.-F., Molenbeek.

Van Elewyck, négociant, 31, boulevard Baudouin, Bruxelles.

Van Gele, A., Etterbeek.

van Groenendael, M., industriel, Aywaille (près Liége).

Van Ormelingen, Auguste, docteur en droit, notaire, député, 7, rue des Dominicains, Tongres.

Van Peborgh, Léon, sénateur, Anvers.

Van Roye, Clotilde (Mlle), 98, chaussée de Wemmel, Jette-Saint-Pierre

Vereeken (Mme), régente d'École moyenne, Bruxelles.

Verhest, L. (Mme).

Vienne, J., Uccle.

Vierset, Alphonse, aux Cahottes, commune de Horion-Hozémont.

Villers, L., Molenbeek.

Vinck, E., sénateur, 85, rue Washington, Ixelles.

Vrancken, Albert, Sandhoven.

Wasterlain, J., Morlanwelz.

Wauwermans, Paul, député, 122, rue Gachard, Bruxelles.

Wertz, A., Molenbeek.

Widdershoven, Marie, 35, avenue Rogier, Bruxelles.

Wilgot, G., directrice du Home familial des Enfants à Nieuport.

Winnens, rue de la Ruche, 52, Bruxelles.

Wittemans, Paul, avocat, 48, rue des Palais, Anvers.

COMPTE RENDU DES SÉANCES

1. Séance d'ouverture.
2. Séance du 8 juin 1913.
3. Séance du 9 juin 1913.
4. Texte des résolutions adoptées.

Séance d'ouverture

La séance a débuté par l'*Hymne à la Paix*, de François Coppée, mis en musique par M. Schoeren et interprété par les élèves de l'École communale n° 13 d'Ixelles. Il a obtenu un très vif succès. Les mêmes interprètes chantèrent avec plus de succès encore l'*Hymne à la Fraternité*, de Constantin Piron. Mais le plus grand attrait de la partie musicale fut, sans conteste, l'exécution de l'air de Micheline de l'*Attaque du Moulin*, chanté par Mlle J. Nyssens avec beaucoup de vigueur et de sentiment, et le *Chant de Paix*, par Mlle J. Nyssens, MM. C. Nyssens et Fl. Duysburgh.

Les discours qui ont été prononcés à cette occasion sont reproduits intégralement ci-après.

* * *

Discours de M. Houzeau de Lehaie

Ce n'est pas sans une certaine émotion que je me lève aujourd'hui. C'est à mon grand âge et peut-être à ce qu'il y a dix-neuf ans j'ai présidé, à Anvers, un autre Congrès de la Paix, que je dois aujourd'hui de présider la première réunion du Congrès National de la Paix.

Et tout d'abord, permettez-moi de constater avec un vif plaisir, que l'idéal que nous poursuivons réunit aujourd'hui tout un faisceau d'hommes appartenant à des partis divers. Nous avons un but commun et ce but nous semble tellement élevé, tellement au-dessus de nos idées particulières que nous pouvons faire abstraction de nos préférences politiques ou religieuses pour le poursuivre en commun.

Je pense que vous serez d'accord avec moi pour nous féliciter d'être arrivé à ce résultat et de pouvoir ainsi parcourir le même chemin en nous donnant la main pour arriver au but : celui de la Paix Universelle ! *(Applaudissements prolongés.)*

Je m'empresse de saluer avec vous ces hommes de bonne volonté à qui la paix est réservée sur la terre. Nous avons, en effet, besoin de réunir tous nos efforts si nous voulons atteindre notre but. La tâche est certainement ardue, il faut se sentir soutenu de tous côtés, pour ne pas se décourager parfois. Il est de mode aujourd'hui, dans un certain monde, de railler les pacifistes et l'on nous dit : « Chaque fois que vous vous réunissez c'est un pronostic, la guerre va commencer ! » On dit : « Vous êtes impuissants, vous ne pouvez rien, la situation est très mauvaise, la guerre est inévitable, elle a toujours existé, elle existera toujours.»

Il y a un peu plus d'un quart de siècle, j'entendais dire exactement la même chose de l'esclavage : l'esclavage était un mal nécessaire, sans l'esclavage la société ne pouvait pas vivre, ne pouvait pas exister. Cependant, j'ai vu dans ma longue carrière disparaître l'esclavage, tout au moins dans les pays civilisés.

Pouvons-nous avoir le même espoir au point de vue de la guerre? Toutes les misères que l'esclavage avaient entraînées n'ont pas disparu complètement avec lui. Mais un autre mode d'organisation du travail les a certainement beaucoup atténuées.

Aujourd'hui on se demande comment les pays civilisés pouvaient supporter ce fléau de l'esclavage. Pourquoi n'en serait-il pas de même de la guerre?

Ce sont aussi des railleries que l'on nous adresse. Oh ! les pacifistes ! vous êtes des idéologues, vous êtes des sentimentalistes, c'est une preuve de faiblesse que vous donnez en vous intéressant ainsi aux misères des autres. Les forts savent voir sans émotion souffrir les autres !

Est-ce donc une preuve de faiblesse? Est-ce que les idées que nous préconisons sont réellement si étranges ! Vous vous rappelez ce que disait Agassiz « Quand une idée nouvelle se fait jour, c'est dans un seul cerveau, et si celui où elle est née a le malheur de la dire, ses amis le regardent en pitié : il est devenu fou. Mais s'il a fait quelques adeptes, si quelques personnes se sont groupées autour de lui, alors c'est bien plus grave, c'est un homme dangereux. Ses idées sont opposées aux idées reçues. Prenez garde. »

Enfin, l'idée nouvelle fait son chemin et alors on dit : « Mais laissez-nous tranquilles, tout le monde sait cela depuis longtemps et nous n'avons pas besoin qu'on nous en parle. »

L'idée de la paix, je crois, est presque sortie de la première période. On ne nous traite plus tout à fait de fous. Mais on dit : « Les pacifistes sont des hommes dangereux, des antipatriotes. Ce sont des gens qui sont nuisibles au milieu de la société actuelle. » C'est une accusation à laquelle il faut que nous prenions garde.

C'est une question délicate que celle de la défense personnelle ; celle de la défense contre l'injustice et contre la tyrannie. Il faut l'examiner avec beaucoup d'attention, parce qu'elle est grave et qu'on peut s'en servir pour faire grand tort aux idées que nous préconisons.

Puis on nous dit, c'est inutile. On nous traite d'idéologues. C'est un grand tort, paraît-il, que d'avoir des idées. C'est de la sensiblerie vaine et sénile. A quoi bon vous démener, c'est une preuve de faiblesse. Depuis un quart de siècle nous n'avons pas eu de guerre. Et autour de nous il y a bien peu de personnes qui ont connu de près les misères de la guerre. C'est une chose tout autre que de lire les descriptions ou d'entendre parler de ce qui s'est passé lors des guerres dernières, et de l'avoir vu soi-même.

J'ai le malheur d'être très âgé. Dans mon enfance, j'entendais mes parents parler de 1814-1815, du passage des armées alliées au travers de la partie de la Belgique que nous habitions. L'on ne se fait pas d'idée de ce qu'était alors la misère. Je ne vous en parlerai pas. Mais parmi vous il y a peut-être encore quelques personnes qui se rappellent ce qui s'est passé, il y a quarante ans, à la frontière. J'ai été voir moi-même les environs de Sedan, trois jours après la bataille. Et véritablement, ce que j'ai vu alors, est encore aussi présent devant mes yeux, que si c'était hier. On ne se figure pas ce que c'est qu'une armée qui a été défaite, on ne se figure pas ce que c'est que ces masses de blessés qui encombrent les routes sur des chariots ou qui gisent dans les maisons, dans les églises, même au milieu des champs ; l'on ne se doute pas de ce que c'est que le passage d'une armée en déroute, on ne se doute pas de ce que c'est que les champs qui ont été ravagés et cette masse de chevaux abandonnés de leurs cavaliers qui se réunissent en masses au milieu d'une plaine et qui tout à coup pris d'une terreur folle s'élancent et brisent tout.

C'est une vue atroce et je m'excuse de l'avoir portée devant vous. Car c'est encore une souffrance aujourd'hui que de me rappeler ce que j'ai vu alors. Et bien c'est de la sensibilité ! de la sensibilité sénile ! Nous ne savons pas voir souffrir.

Mais faisons attention aux critiques qu'on nous adresse. Nous avons intérêt à les connaître et à en tenir compte ! Oui, nous insistons peut-être trop exclusivement sur le côté sentimental de la propagande que nous faisons ; à côté de cela, il y a des intérêts économiques. Nous devons considérer davantage les conditions économiques. On nous dit : « La propagande que vous faites est stérile parce que vous vous attaquez aux effets ». Nous devons répondre en nous attaquant aussi aux causes de la guerre. C'est là que nous avons surtout à diriger nos efforts, et ces efforts nous pouvons les tenter, d'accord, la main dans la main, à quelque parti que nous appartenions. Aujourd'hui, les gouvernements et les peuples se rejettent l'accusation de vouloir la guerre. Napoléon III disait : « L'Empire c'est la paix ». Tous les gouvernants affirment que ce sont les peuples qui les poussent. Et lorsqu'on parle au peuple, la partie saine de la population nous dit : « Nous ne désirons qu'une chose, c'est de travailler et de jouir du fruit de notre travail. Et nous ne pouvons le faire que dans la paix. »

Et cela est vrai. Mais à côté des travailleurs, il reste encore parmi nous, un certain nombre de personnes dont l'éducation et la mentalité sont restées en arrière et sont évidemment rudimentaires.

Sydney Smith disait : « Nous avons encore parmi nous des sauvages, plus sauvages que ceux de la Nouvelle Hollande ! » Malheureusement il en reste encore. Ce n'est pas seulement à Londres qu'ils sont, mais à Paris et même en Belgique. Ceux-là ne demandent pas à travailler en paix ; peut-être bien espèrent-ils profiter de l'anarchie et du désordre que la guerre amène pour exécuter leurs vengeances personnelles ou s'emparer du bien d'autrui. C'est donc à l'éducation de ceux-là qu'il faudrait tâcher d'aboutir. Pour ce qui est de l'instruction, je ne suis plus à l'école depuis longtemps ; je ne sais pas très bien ce qui s'y passe aujourd'hui, mais je me souviens de ce qui se passait alors. C'était dans un grand collège de Paris, j'étais en sixième, il y a de cela soixante-onze ans. Nous avions différents professeurs.

Le matin, venait le professeur de morale et ce professeur de morale nous disait d'abord : « Tu ne tueras pas. » Il développait cette thèse. L'après-midi, nous avions le professeur d'histoire ancienne. Il nous montrait la gloire et la grandeur des Babyloniens, des Perses, des Mèdes et des Assyriens, qui fondèrent leur gloire sur des monceaux de cadavres.

Le lendemain matin leçon de morale ; cette fois c'était : « Tu ne prendras point le bien de ton prochain. » L'après-midi, nouvelle leçon d'histoire. Nous en étions passés à l'expédition des Argonautes. Le professeur nous montrait combien les Grecs avaient été sages et prudents et avaient été en même temps héroïques en allant faire l'expédition de Colchide et prendre l'or que les habitants avaient réuni pour eux. Ils n'avaient pas d'or, ils en voulaient.

La troisième journée c'était : « Tu ne convoiteras ni ne prendras la femme de ton voisin. » L'après-midi, leçon d'histoire romaine ; c'était l'enlèvement des Sabines. Les réfugiés à Rome n'avaient pas de femmes, il leur en fallait et ils ne trouvaient rien de plus simple que de prendre celles des voisins.

Je cherche à me rappeler dans nos jeunes cerveaux d'enfant, l'effet de cet enseignement contradictoire. La classe se divisa en deux clans, l'un tenant pour la morale, l'autre pour l'histoire. Il en résulta ce qui résulte de la sagesse de cet âge : ne pouvant faire battre les deux professeurs, il y eut une mêlée suivie d'une retenue générale.

Certainement aujourd'hui, j'en suis persuadé, il n'en est plus ainsi, grâce à ce que depuis de longues années, en Belgique, la Fédération Générale des Instituteurs a fait en faveur de la paix. Je suis persuadé que dans un grand nombre d'écoles même, on ne fait plus de ces dithyrambes en faveur des conquérants et des conquêtes. On montre peut-être maintenant quelles sont les misères et les maux que la guerre entraîne, même pour les peuples victorieux. Il ne faut, en effet, pas se le dissimuler, il y a pour les peuples victorieux de tels inconvénients à la victoire, qu'on en vient à se demander si bien souvent les vaincus n'ont pas été plus heureux.

Il existe cependant encore bien des contradictions dans nos procédés d'éducation populaire. Vous voyez au coin des rues, des écriteaux : «Traitez les animaux avec douceur». Vous suivez la rue, le boulevard et vous aboutissez à une immense arène, où deux individus sont là à se donner des coups de poing jusqu'à ce que l'un d'eux tombe anéanti sur le sol. *(Applaudissements.)* Par milliers, les films cinématographiques sont répandus dans le monde entier, proposant ce spectacle à l'admiration des grandes personnes et de nos petits enfants. Il y a là une contradiction ; il me semble que nous pouvons travailler à la faire disparaître. Nous pourrons peut-être agir sur la population pour qu'elle ne s'engoue pas ainsi de ces exercices excessifs.

Je le sais, de mon temps le développement physique était trop négligé. On a pendant bien longtemps oublié qu'il y avait aussi quelque chose à faire de ce côté. Aujourd'hui on le fait et avec raison. Mais comme il arrive souvent, l'on a été trop loin. Mais la marche générale du progrès ne se fait pas en ligne droite, elle se fait par des oscillations constantes, quelquefois plus rapides, reculant un peu et reprenant à nouveau. Il ne faut donc pas désespérer, il ne faut pas se décourager et si la situation semble mauvaise, c'est le moment au contraire pour nous de redoubler d'efforts. Il faut que nous nous donnions la main pour rechercher quelle est la cause de cet état d'esprit et si nous constatons que le progrès s'est un peu arrêté, nous savons qu'il reprendra sa marche. Soyons prêts à le pousser avec la plus grande vivacité.

La situation n'est pas aussi mauvaise qu'on nous la décrit. Quand l'année prochaine deux grandes nations vont célébrer un siècle entier de paix entre elles, alors qu'une immense frontière, j'allais dire, les sépare ; mais non, aucune frontière ne les sépare, elle leur est commune. Elles sont là l'une vis-à-vis de l'autre ; sur une longueur de je ne sais combien de milliers de kilomètres, il n'y a pas une seule forteresse. Tout s'y passe comme entre deux provinces ou deux communes d'un même pays. Nous devons nous en féliciter. Dans l'Occident, dans l'Europe, voilà quarante ans qu'il n'y a plus eu de guerre. Je me demande si on retrouverait dans l'histoire d'autres périodes où il y aurait eu une autre paix aussi longue. Je ne le crois pas. Cette question, les historiens pourront mieux que moi la discuter. Lorsqu'on la compare aux siècles passés, où il n'y avait presque pas d'années sans guerre, le changement est frappant. Je me rappelle avoir vu citer quelque part, que pendant les quatre siècles qui se sont terminés au XIXe, la France avait fait la guerre durant trois cent soixante-huit ans.

Nous avons à nous féliciter aussi de ce que les traités d'arbitrage sont devenus de plus en plus nombreux et que les arbitrages qui ont eu lieu ont été sincèrement exécutés par les pays qui les avaient provoqués. Malheureusement, dans la plupart de ces traités d'arbitrage se trouve la clause restrictive de l'honneur national et des intérêts vitaux. Ce sont là des expressions fort vagues à l'aide desquelles on peut éviter l'arbitrage.

Dans cette question si sérieuse, permettez-moi de citer un livre de 1867. Laboulaye y montre comment on fait naître la question d'honneur et combien elle peut être factice. Il s'agit d'un souverain qui a des difficultés avec son ministère. Le ministère veut le faire plier. Il n'y a pas d'autres moyens qu'une guerre. Le chef de l'état-major entre comme une bombe dans le cabinet du roi : « Sire, le souverain votre voisin a traité publiquement Votre Majesté de blanc-bec. » «Ah ! répond le roi, blanc-bec est une injure, l'honneur national est engagé, déclarons la guerre. » On fait la guerre, on est victorieux et l'on s'aperçoit le lendemain de la victoire, que la nouvelle était fausse.

Quelques ivrognes provoquent un incident de frontière, l'amour-propre est engagé et l'honneur national exige que des milliers d'hommes soient sacrifiés, parce que deux ivrognes ont trop bu et se sont querellés.

Je m'excuse de ces quelques souvenirs et j'en tire cette conclusion : ne soyons pas impatients. Certes, nous désirons aller vite, c'est naturel, car nous disparaissons les uns après les autres et nous désirons certainement voir le résultat de nos efforts.

Mais nous ne sommes pas des utopistes, nous ne pensons pas que nous arriverons à supprimer complètement la guerre, que nous arriverons à enrayer cette folie d'armement qui nous épuise aujourd'hui. Nous pensons qu'avec le temps et la patience et surtout en examinant les causes des conflits et en cherchant à empêcher que ces causes ne s'enveniment et ne provoquent de véritables guerres, nous pourrons tout au moins diminuer les misères que de telles guerres amènent avec elles.

Au sein de notre comité, depuis peu de temps, deux des hommes qui ont rendu les plus grands services, M. Auguste Beernaert et M. Hector Denis ont disparu. M. Beernaert a rendu de grands services, non seulement comme membre des deux Conférences de la Paix à La Haye, mais aussi comme membre du Conseil et président de l'Union Interparlementaire, où il a défendu, avec tant de talent, la cause de l'arbitrage, le moyen le plus efficace, non pas d'abolir la guerre mais de diminuer les chances de guerre.

Si les uns disparaissent, d'autres viennent les remplacer et ils viennent des horizons les plus divers. Je pense que nous avons lieu de nous féliciter de voir ainsi s'unir des hommes qui ont un idéal commun et qui peuvent mettre de côté leurs préférences personnelles, pour marcher ensemble vers un même but. Nous pourrons parfois différer sur divers points du vaste programme que nous envisageons. Nous pourrons certainement quelquefois employer des moyens différents parce que nous nous adresserons à des milieux différents, mais nous aurons toujours vis-à-vis de nous cette idée principale : arriver à améliorer le sort de l'humanité. *(Applaudissements prolongés.)*

Je vous engage tous à sceller aujourd'hui un véritable pacte. Nous laisserons à la porte de cette salle toutes nos divergences personnelles et nous ne penserons plus qu'à une seule chose, au but que nous avons en commun qui peut se résumer en ces mots : « Puisse l'amour de l'humanité embraser tous les cœurs, ceux de gouvernants comme ceux des peuples ! » *(Applaudissements prolongés.)*

Je déclare ouverte la première session du Congrès des Sociétés belges de la Paix.

* * *

Discours de M. Henri La Fontaine

Il y a lieu, au début de cette première session, de tracer un court historique du mouvement en faveur de la paix en Belgique, depuis qu'eut lieu, à Bruxelles, en 1848, le premier Congrès Universel de la Paix.

Malgré cette circonstance, le mouvement pacifiste n'a pris naissance chez nous que très tardivement. C'est, en effet, en

1889, qu'à l'initiative d'un de nos vétérans, M. Hodgson Pratt, qui s'était fait l'apôtre du mouvement pacifiste sur le continent, que M. Émile de Laveleye, le célèbre économiste dont le nom est certainement connu de vous tous, M. Auguste Couvreur, ancien vice-président de la Chambre des Représentants et moi-même, nous avons fondé la Société belge de l'Arbitrage et de la Paix. Elle n'eut guère, à cette époque, un grand succès. A notre appel on a répondu que la Belgique, par sa situation même, était une nation pacifique, qu'en général, chez nous, on se soumettait au service militaire parce qu'il le fallait bien, mais que la masse de la population était dépourvue de tendances militaristes ou guerrières. On nous a répondu aussi que la Belgique était neutre, que sa neutralité était garantie et que les Belges formaient en fait une vaste société de la paix et qu'il n'était pas nécessaire d'en créer une autre.

Mais voilà que la situation s'est profondément modifiée en ces dernières années. Les Belges, à leur tour, sont obligés d'augmenter la défense militaire du pays et tout récemment, comme au cours des siècles passés, la Belgique s'est trouvée menacée de devenir le champ de bataille de l'Europe. Cela a évidemment attiré l'attention d'une grande partie de notre population et presque coup sur coup de nouvelles sociétés pacifistes ont vu le jour en Belgique : tout d'abord l'Alliance belge des femmes pour la Paix par l'Éducation, puis la Ligue des catholiques belges pour la Paix ; au sein du Conseil National des Femmes, une section pacifiste fut instituée et tout récemment enfin, s'organisa la Ligue Théosophique pour la Paix. Toutes ces sociétés groupent un grand nombre d'hommes et de femmes, et l'idée vint tout naturellement de grouper à leur tour ces sociétés et de faire en notre pays ce qu'on avait fait dans les grands pays voisins. C'est ce qui nous a engagés à nous mettre en rapport avec les dirigeants des diverses associations et à provoquer la réunion du congrès qui nous assemble aujourd'hui.

Si, en effet, des Congrès Universels de la Paix, depuis 1889, ont lieu de par le monde chaque année, ces congrès sont lointains. Ils ont lieu d'habitude au cours des vacances et la grande masse des peuples n'en suit peut-être pas les débats, avec tout l'intérêt qu'ils méritent. C'est ce qui amena les pacifistes de presque toutes les nations, depuis une quinzaine d'années surtout, à provoquer au sein de chaque pays la réunion de Congrès Nationaux de la Paix. Ces congrès ont eu un succès considérable et sont fréquentés par de nombreux adhérents ; ils peuvent agir directement, plus directement que les congrès universels, sur la population de chaque contrée en s'adaptant aux usages et à la situation spéciale de chaque pays. C'est ainsi qu'en Scandinavie, en 1885 déjà, se réunissait le premier Congrès National de la Paix et des assises nouvelles y ont eu lieu d'année en année ; en Italie, ce fut en 1889, en France en 1902, en Grande-Bretagne en 1904, aux États-Unis en 1907 et enfin en Allemagne en 1908, que des réunions similaires furent instituées.

Vous le voyez, dans tous les pays, les pacifistes ont éprouvé le besoin de se concerter et c'est ainsi qu'ont vu le jour ces multiples réunions nationales. Elles ont cet avantage énorme de grouper non seulement des pacifistes mais encore des hommes appartenant à toutes les classes de la société : négociants, industriels, banquiers, ingénieurs, etc., en un mot tous ceux qui ont un intérêt direct à ce que la paix soit maintenue dans le monde.

C'est dans ces conditions que nous avons fait appel aux amis de la paix de notre pays et que nous avons eu cette énorme satisfaction de voir des hommes de tous les partis y répondre avec enthousiasme et reconnaître que sur un but commun de haute culture, l'union de tous les hommes de bonne volonté était possible. Nous ne pouvions témoigner plus éloquemment que nous sommes de vrais pacifistes, puisque nous avons pu oublier ce qui nous divise et faire la paix entre nous. *(Applaudissements prolongés.)*

Notre désir avait été de réunir, dès l'année dernière, le premier Congrès National de la Paix. Malheureusement, la situation politique intérieure, vous vous le rappelez sans doute, était excessivement tendue et nous avons dû remettre à cette année, la réalisation de notre projet. A l'exemple d'autres congrès, nous avons pensé qu'une réunion comme la nôtre pouvait se passer du patronage de personnalités politiques et que ceux qui partagent nos idées n'hésiteraient pas à nous apporter leur concours. L'accueil qui a été fait à notre appel nous prouve que nous avons eu raison d'en agir ainsi. Du reste, des sympathies nombreuses nous ont été exprimées de toutes parts et nous tenons à remercier tout d'abord les membres du corps diplomatique qui ont bien voulu, par leur présence à cette cérémonie ou par des lettres cordiales, nous assurer du grand intérêt qu'ils portent à notre œuvre. Nous avons à remercier aussi les membres du Parlement, sénateurs et députés, qui ont adhéré en grand nombre au congrès.

D'autre part, des regrets nous ont été exprimés par de nombreuses personnes qui se trouvaient empêchées d'assister à notre séance, et parmi lesquelles je citerai : les Ministres d'Autriche, d'Espagne, de France, du Japon, de Roumanie, du Pérou et de Turquie ; M. Poullet, ministre des Sciences et des Arts ; M. Segers, ministre de la Marine, et M. Helleputte, ministre de l'Agriculture et des Travaux publics ; le baron Ruzette, gouverneur de la Flandre occidentale ; MM. Max, Frick et Reyers, repectivement bourgmestres de Bruxelles, de Saint-Josse-ten-Noode et de Schaerbeek ; MM. Nève de Roden, Magnette, Hallet, sénateurs ; MM. Cocq, Pastur, de Jonghe d'Ardoye, Grafé, Maenhaut et Harmignie, députés.

Nous avons également reçu de nos amis des pays les plus divers, des lettres de félicitations et d'encouragement (1). Tout d'abord, le Bureau International de la Paix de Berne n'a pas voulu manquer de nous encourager et de nous souhaiter le succès le plus complet ; le directeur du Bureau, M. Gobat, nous écrit qu'il est malheureusement obligé d'assister à une session du Parlement suisse et il vous prie de l'excuser, car sans cette circonstance il aurait certainement été parmi nous.

Parmi les lettres qui nous sont parvenues des sociétés pacifistes, il y a lieu de mentionner celle de notre vénérable ami, M. Adolphe Richter, bien connu de tous les pacifistes, car il eut le courage méritoire de se mettre à la tête du mouvement pacifiste en Allemagne, au lendemain même de la guerre franco-allemande. Bien qu'aujourd'hui âgé et malade, il reste vaillamment sur la brèche et continue à nous donner l'exemple d'une inlassable persévérance.

De Grande-Bretagne, c'est M. Heath, le secrétaire du National Peace Council, conseil qui unit toutes les sociétés pacifistes anglaises (au nombre de 35), et dont les délégués se trouvent

---

(1) Ces lettres sont reproduites en annexe.

précisément réunis à Londres en assemblée générale, qui nous envoie un cordial encouragement. Nous avons reçu aussi une lettre tout à fait chaleureuse de lord Weardale, président actuel de l'Union Interparlementaire, ainsi que de M. Evans Darby, le secrétaire de la Peace Society, la plus ancienne association pacifiste d'Europe, qui dans deux ans célébrera son centenaire.

D'Italie, c'est M. Bignami qui nous congratule au nom de ses amis italiens. M. Alfred Fried, directeur de la fameuse revue *Friedenswarte*, nous salue au nom de nos amis d'Autriche. Nous avons également reçu une lettre de M. Ch. Richet, qui envoie les meilleurs vœux au nom de la Société française d'arbitrage, une des plus anciennes sociétés de la paix, fondée par notre vénérable et regretté ami Frédéric Passy. De France encore, M. Ruyssen s'est fait l'intreprète de ses collègues de l'Association de la Paix par le Droit, et M. Vanderpol, de ceux de la Société française des catholiques pour la Paix. M. Frédéric Bajer, du Danemark, joint ses meilleurs vœux à ceux de ses compatriotes pacifistes. Des États-Unis des félicitations nous sont parvenues de la Fondation Carnegie. M. Van de Mandere, enfin, au nom de la Société Vrede door Recht, nous envoie également des félicitations et des encouragements et nous écrit que nos amis de Hollande se réjouissent d'avance du succès qui couronnera notre initiative.

Vous le constatez, les encouragements et les sympathies ne manquent pas. C'est un grand appui et un précieux stimulant qui doivent nous engager à poursuivre nos travaux avec la conviction que nos efforts ne seront point stériles.

Le programme que nous avons tracé n'atteint évidemment pas la perfection et n'a pas la prétention d'épuiser le vaste domaine du pacifisme. En l'élaborant, nous avons cherché à éviter les questions qui pourraient soulever des discussions âpres ou ardues. Nous avons voulu qu'en ce premier congrès, l'unanimité des participants puisse s'affirmer. Nous avons pensé que les réunions de Bâle et de Berne avaient, au point de vue de la politique générale, exprimé les tendances des masses profondes des peuples et que nous n'avions pas à renouveler, sous une forme réduite, ces manifestations retentissantes. Notre but est beaucoup plus modeste. Nous avons voulu d'une part étudier la situation dans laquelle sa neutralité place la Belgique et les conséquences qu'un conflit armé aurait au point de vue commercial pour notre pays. D'autre part, nous avons considéré qu'il y avait lieu de chercher comment par l'école et par la presse, il était possible d'éduquer un peuple pour la paix.

A ces divers points de vue, un pays comme le nôtre, petit par son territoire, mais important par son activité économique et sociale, peut avoir la prétention de préconiser des solutions opportunes et réfléchies.

C'est à formuler ces solutions que vous êtes invités à consacrer les quelques heures pendant lesquelles nous serons réunis, désireux, nous en sommes convaincus, de travailler avec ardeur, pour votre faible part, à la bonne et fructueuse entente entre les nations. Placée au milieu des grandes puissances, dont les compétitions risquent de porter la guerre chez elle, la Belgique plus que d'autres semble désignée pour préconiser le recours aux moyens pacifiques de solutionner les conflits internationaux et promouvoir ainsi la concorde et la collaboration entre les peuples.

Je voudrais, avant de me rasseoir, ajouter un mot à ce que je viens de dire. Demain, la baronne de Suttner, l'auteur célèbre de *Bas les armes*, célèbre son 70e anniversaire. De tous les pays du monde des félicitations lui seront envoyées. Je vous demande la permission de lui adresser un télégramme au nom du premier Congrès National belge de la Paix. (*Assentiment.*)

ANNEXE

Union Interparlementaire.

MONSIEUR,

J'apprends avec plaisir, la réunion du Congrès National Belge de la Paix, et je me permets de vous transmettre des vœux bien sincères pour son succès.

La Paix qui vient d'être signée ce matin à Londres, ouvrira, je l'espère, une période où les troubles internationaux seront moins aigus, et quand l'esprit public sera plus porté à apprécier le fardeau écrasant des armements, et les tristes conséquences de toute guerre, même pour les vainqueurs.

Agréez, je vous prie, Monsieur, l'assurance de mes meilleurs sentiments.

Lord WEARDALE.

Bureau International de la Paix.

Monsieur le Président,
Mesdames, Messieurs,

Le Directeur du Bureau International de la Paix se serait fait un devoir d'assister à la première assemblée générale des pacifistes de Belgique. Empêché par la session du Parlement suisse, de se rendre au milieu de vous il ne peut se dispenser de vous dire, au nom de l'Office qu'il représente, combien il est heureux de ce que les intellectuels de votre pays se réunissent pour témoigner de la vitalité du mouvement pacifiste en Belgique. Nous vivons de tristes années ; la civilisation acquise par l'effort de tant de siècles est plus que jamais menacée. Les intérêts supérieurs sont sacrifiés aux sots préjugés nationaux, à la méfiance cultivée artificiellement entre les nations, aux ignobles spéculations même d'exploiteurs sans conscience. C'est aux époques troublées que des intellectuels doivent s'affirmer sous l'égide de la devise : « L'Union fait la force », afin de combattre victorieusement les ennemis du repos public, de la justice et du bonheur des autres.

Je souhaite à votre premier Congrès le succès le plus complet et je désire qu'il contribue à raffermir la foi pacifiste, à donner à tous l'exemple de la lutte vigoureuse et inlassable pour la cause de l'humanité.

Veuillez agréer, Monsieur le Président, Mesdames et Messieurs, l'expression de mon inaltérable dévouement.

A. Gobat.

Centre Européen de la Dotation Carnegie.

Monsieur le Président,

La réunion du premier Congrès groupant toutes les forces du pacifisme belge est un événement important dans l'histoire du mouvement qui, à travers les difficultés de l'heure présente, entraîne les peuples vers la réalisation progressive de l'ère sans violence.

La Belgique, petite par l'étendue de son territoire, grande par le magnifique essor de son activité dans tous les domaines de la production intellectuelle et économique, est admirablement placée pour servir de médiatrice entre les nations qui, autour d'elle, cèdent avec un redoublement de frénésie à la folie des armements. Elle a tout à craindre d'une guerre qui, en vue de ses côtes et sur ses frontières, mettrait aux prises, pour une œuvre de destruction et de massacre sans précédent dans les annales de l'humanité, ses puissantes voisines ; elle a tout à espérer de la paix, surtout si cette paix, au lieu de n'être comme aujourd'hui que l'équilibre toujours chancelant des convoitises et des peurs, repose sur un solide système de garanties juridiques. Les efforts que vont tenter les sociétés belges, dans cette admirable ville de Bruxelles, qui est une des métropoles de la vie internationale dans le monde, pour donner à leur propagande plus d'ampleur et de cohésion sont donc assurés de la sympathie de tous les hommes de bonne volonté.

La Dotation Carnegie pour la Paix internationale et son *Centre européen* de Paris font des vœux particulièrement cordiaux pour le succès du premier Congrès qui va réaliser l'union des sociétés pacifistes belges sans distinction de croyance ou de parti. A ces vœux, dont je suis heureux de vous transmettre l'expression bien sincère, permettez-moi, Monsieur le Président, d'ajouter l'assurance personnelle de ma respectueuse considération et de mon entier dévouement.

J. PRUDHOMMEAUX,
Secrétaire général du Centre Européen
de la Dotation Carnegie.

Société allemande de la Paix.

MONSIEUR,

Vous avez bien voulu me faire part de l'intention des pacifistes belges de se réunir en un Congrès National. J'en suis heureux et je vous félicite de tout cœur de cette bonne idée. Pour avoir succès, il faut se réunir selon le *motto* antique : *Viribus unitis* ; c'est pourquoi les Français ont créé leur délégation permanente, les Anglais leur National Peace Council et nous-mêmes un Comité Central réunissant une fois par an les groupes locaux dans le Congrès National.

J'espère que vous trouverez, lors de ce premier Congrès, les mesures et moyens pour fonder une organisation durable, qui vous permettra de faire la propagande ensemble ou parallèlement dans l'avenir.

Au nom de notre Comité, je vous transmets les meilleurs vœux pour le bon succès de vos travaux et pour une propagande efficace.

Veuillez, cher Monsieur, transmettre nos salutations fraternelles à vos membres, et recevez l'expression de notre sympathie bien distinguée.

ADOLPHE RICHTER,
Président de la Société de la Paix
Allemande.

Société française d'Arbitrage.

MESDAMES ET MESSIEURS,

Le Président de la Société française d'arbitrage, qui fut fondée par Frédéric Passy en 1867, et qui est, par conséquent, une des plus anciennes sociétés de la paix, et des plus actives, adresse, au nom de tous ses membres, un chaleureux hommage de sympathie au Congrès pacifiste de Bruxelles.

CHARLES RICHET.

Association de la Paix par le Droit.

Mon cher Président,

J'ai été heureux d'appendre la convocation du premier Congrès belge de la Paix et je tiens à cœur d'envoyer, à cette occasion, à nos collègues et amis belges, le salut fraternel de l'Association de la Paix par le Droit.

Il arrive souvent aux pacifistes des grands pays de jeter un regard d'envie vers les nations moins nombreuses qui trouvent dans leur petitesse relative, une garantie contre la surenchère militariste.

Tandis que nous nous sentons entraînés par un mouvement irrésistible qui oblige les grandes puissances à suivre pied à pied le développement de leurs rivales, il nous semble que les pays qui ne demandent rien de plus que de défendre leur neutralité donnent au monde un grand exemple de sagesse et d'indépendance. Les véritables éducateurs du monde moderne ne sont plus les grandes actions militaires entravées par le souci stérile d'une défense purement négative, ce sont les pays d'ambition modeste, c'est la Suisse, c'est le Danemark, c'est enfin votre admirable Belgique si active et si moderne à tant d'égards.

Je forme des vœux les plus cordiaux pour la réussite de votre Congrès, dont nous suivrons de loin les travaux avec la plus sympatique attention.

Croyez à mon bien cordial dévouement,

Th. Ruyssen.

Ligue des Catholiques français pour la Paix.

Monsieur,

C'est avec une vive satisfaction que les Sociétés de la Paix ont appris la nouvelle de cette première réunion de tous les pacifistes de Belgique, et la Ligue des Catholiques français a été tout particulièrement heureuse de ce groupement des Sociétés belges, dans chacune desquelles elle a la satisfaction de compter de nombreux amis.

Vous faites une nouvelle et utile application du principe exprimé par votre devise nationale : « L'union fait la force », principe qu'il est plus que jamais nécessaire de mettre en pratique.

Ce n'est, en effet, que par le concours de toutes les bonnes volontés, de toutes les activités, de toutes les ardeurs généreuses, de quelque part qu'elles viennent, que nous pourrons atteindre le but et assurer le succès : et ce serait trahir la cause commune que de chercher à inféoder le pacifisme à un parti politique ou autre, puisque ce serait l'affaiblir en éloignant les adversaires de ce parti.

Cette union de tous est d'autant plus nécessaire en ce moment, que les événements auxquels nous avons assisté depuis quelque temps nous ont montré la guerre éclatant dans certains pays et son danger apparaissant dans d'autres. L'éventualité d'une conflagration européenne, qui serait pour l'Europe une catastrophe analogue à l'invasion des barbares, et dont nul homme sérieux ne saurait prévoir le résultat final, est acceptée avec un fatalisme déplorable par des gens qui se disent patriotes, et même refusent ce titre aux autres : comme si un patriote, un homme qui aime réellement et profondément sa patrie ne devait pas écarter d'elle le danger d'une guerre dont l'issue est nécessairement douteuse ! Comme si c'était une preuve d'amour et non un acte de folie de jouer à pile ou face l'avenir de son pays !

Peut-être en présence de cette situation, de ce danger, penserez-vous, comme plusieurs d'entre nous, qu'une certaine évolution du pacifisme est nécessaire ; qu'il ne doit plus se contenter d'exercer son action par la propagande des doctrines de raison et d'humanité qui sont les siennes, mais descendre parfois des régions supérieures de l'idée pour entrer, davantage encore que par le passé, dans le domaine de l'action ; qu'il doit rechercher non seulement les voies capables de préparer une organisation internationale nouvelle, mais les solutions possibles des grands litiges, ou anciens ou récents, qui menacent de mettre le feu à l'Europe.

Habitués à vivre sous le régime de l'anarchie internationale, beaucoup d'hommes hésitent à faire un acte de foi dans la transformation de ce que l'on appelle l'ordre — et qui est en réalité le désordre, — international ; peut-être seraient-ils plus disposés à nous écouter et à nous suivre dans la recherche et l'application des solutions des problèmes inquiétants qui peuvent compromettre la paix du monde.

S'il en est ainsi, votre Union des Sociétés pacifistes belges ne préparera-t-elle pas le terrain neutre sur lequel pourraient se rencontrer, grâce à votre initiative, des adversaires désireux de résoudre par l'étude, par la discussion et par la raison, des questions que tant d'autres, hypnotisés par l'emploi des méthodes barbares du passé, prétendent ne pouvoir être tranchées que par le fer ?

Puissiez-vous un jour, ajouter à tous les titres de gloire de votre pays, celui d'avoir facilité aux autres peuples d'Europe, les réconciliations nécessaires pour que tous puissent ensuite, sans exceptions et sans arrière-pensées, coopérer à l'avènement de l'Ere sans violence.

Pour la Ligue des Catholiques français pour la Paix,

Le Président,

VANDERPOL.

National Peace Council.

DEAR SIR,

I was desired yesterday by the National Peace Council, representing thirty five English organisations, and meeting here in its monthly meeting to ask you to convey to the First National Peace Congress in Belgium the heartiest greetings from all the friends of Peace in this country. We sincerely congratulate our Belgian colleagues upon their initiative in establishing a National Congress for the furtherence of the cause of International Peace in Belgium.

On behalf of the National Peace Council faithfully yours.

Secretary,
CARL HEATH.

Peace Society.

DEAR SIR,

I respond most heartily to your invitation to send greetings to your First National Peace Congress, which is to be held on June 8th, and 9th. It is impossible for me to have the pleasure of being present at your gathering, because I shall be in Leeds, on those dates, attending meetings in connection whith our Ninth National Peace Congress. But I shall be obliged if you will express my warmest greetings to the Congress, and my best wishes for the success of its sittings and deliberations.

We meet — you in your capital, we in a provincial city, — at a most encouraging time. The dark clouds of war are rolling away from the summits of the Balkan hills, and I think the settlement of the long-continued, and very difficult, « Eastern Question », promises a brighter future for that unhappy region. We, at any rate, believe that only the principles of justice and the spirit of Peace and Goodwill can bring about the happy result which has been so long desired and prayed for, even while the crisis has been feared.

But our encouragement and inspiration do not spring from a single incident. The question of Peace throughout the world, and the growth of international sentiment, have reached a point unprecedented in the history of mankind. Some of us, who have been associated with the Peace Movement for a great part of a lifetime, remember, not so long ago either, when the outlook was very, very different, and we are intensely thankful for the wonderful progress which has been made.

Sometimes we think that progress is prophetic, and that, possibly, the advent of Peace may come upon us sooner than any of us are aware. We must work in the faith of this. Such an anticipation will be in itself an inspiration ; but we may be sure of this, and I express it as a settled conviction, born of long service to the Peace cause, that our labour cannot be in vain, and the progress of civilisation, the evolution of the human race, and the power of religion, all give us the assurance of a successful issue to our endeavours.

May that tipe soon come, and may you in your deliberations and constant work hasten its coming.

With hearty good wishes and warmest felicitations,

Believe me,

Your sincere friend and colleague,

EVANS DARBY.

Algemeene Nederlandsche Bond « Vrede door Recht ».

MIJNE HEEREN,

Met groote vreugde vernamen wij uit het schrijven van Uwen secretaris van den 27 Mei jl. dat, ongeacht de politieke partij of de philosophische school, waartoe zij behooren, alle groepen der vredesbeweging zich zullen vereenigen in een nationaal congres. Wij stellen er prijs op U te zeggen hoezeer wij in Nederland met belangstelling dit congres gadeslaan en er niet aan twijfelen of het zal goede en vruchtbare resultaten afwerpen voor een a. s. samenwerking, welke niet anders dan aan de vredeszaak zelve ten goede kan komen. Ware het ons mogelijk om persoonli k aan dit congres deel te nemen door een onzer af te vaardigen haar heen te gaan, niets zou ons aangenaamer wezen, doch wanneer wij dit nalaten gelieve U daaruit slechts te zien de onmogelijkheid waarin wij verkeeren om zulks te doen en niet de mindere gezindheid om zulks te doen. Wij wenschen U van harte succes toe op Uwen arbeid die naar wij hopen zal strekken tot uitbreiding der vredesbeweging in Uw land en tot verduidelijking van hare deels hoog ethische deels ook zoo nuchter practische idealen.

Wij kunnen U de verzekering geven dat zeker in dit opzicht de grenzen tusschen Noord- en Zuid-Nederland door ons niet worden gevoeld en dat wij van Uw succes met evenveel vreugde zullen kennis nemen als ware het ons eigen succes.

Wij verblijven met de meeste hoogachting,

Namens het Hoofdbestuur van den Algemeene Nederlandsche Bond « Vrede door Recht »,

<table>
<tr><td>Voorzitter,</td><td>Secretaris,</td></tr>
<tr><td>M. DE PINTO.</td><td>M. VAN DER MANDERE.</td></tr>
</table>

MESDAMES ET MESSIEURS,

Permettez-moi de vous offrir mes meilleurs vœux à l'occasion de ce premier Congrès National de la Paix, qui se tient dans votre ville.

Le grand développement des rapports mondiaux de tous genres et l'extension du christianisme doivent amener une meilleure entente internationale en facilitant les devoirs mutuels des peuples de l'Europe, qui semblent avoir appris que ce n'est que sur la base d'une paix durable que l'épanouissement national, social et individuel est possible.

Il est nécessaire que chaque nation, chaque parti, chaque personne s'intéresse au maintien de la paix et aux progrès de la civilisation et non à ce qui la retarde.

Combien plus est-ce le devoir sacré de tous ceux à qui incombe l'administration des lois et l'instruction de la jeunesse de prendre à cœur le commandement « Tu aiméras ton prochain comme toi-même ».

Ces paroles, qui contiennent l'obligation de prendre parti contre la guerre, me semblent être la synthèse de tout ce qui la condamne et tend à la préparer ou à la propager.

Agréez mes meilleurs vœux pour vos délibérations si importantes et croyez-moi tout à vous,

Édouard de Neufville.

Je me permets d'envoyer les plus cordiales félicitations.

Le Congrès sera un grand succès, j'en suis sûr, car, à mon avis, la Belgique a — proportionnellement, — le plus grand nombre d'excellents champions de la paix.

Frédéric Bajer.

*
* *

Allocution de M. l'Abbé Richardson

Je suis heureux de prendre ici la parole au nom des groupes catholiques « Paco » d'Anvers et « La Belga Katolika Esperantista Ligo ». Les esperantistes sont évidemment tout acquis aux idées pacifistes et il est à souhaiter que toutes les sociétés appuient en toute circonstance le mouvement en faveur de la paix universelle.

Je tiens ensuite à remercier le Comité organisateur de ce congrès de l'honneur qu'il me fit en me demandant d'en faire partie.

J'ai accepté d'en faire partie. En effet, la robe que je porte dénote que je suis le serviteur de ce Dieu, qui, en s'incarnant, s'annonce au monde comme le prince de la Paix « *Princeps pacis* », de ce divin Maître qui nous ordonne tous de nous aimer les uns les autres et qui nous défend de faire à autrui ce que nous ne voudrions pas qu'on nous fît.

Mesdames, Messieurs, je sens que je me trouve ici au milieu d'amis, puisqu'un principe commun nous unit tous. Ce principe ce n'est pas seulement, ce n'est même pas principalement l'amour fraternel ! Non, c'est quelque chose de plus grand encore : C'est cette vertu, ce principe commun à tous les hommes de bonne volonté : l'Amour de l'Éternelle Justice.

Ce qui nous unit, ce n'est pas l'amour de la Paix pur et simple, mais la Paix par le Droit. Pour nous ce qui prime tout, ce n'est pas la force, c'est la Justice. *(Applaudissements.)*

Hors de là, elle ne diffère en rien des autres énergies aveugles de la nature, que les animaux, privés de raison, doivent subir, mais que l'Homme. *Homo sapiens*, aidé des dons divins de la Raison et du libre arbitre, peut vaincre et obliger à devenir le serviteur de l'ordre et de la légalité.

Travaillons donc, Mesdames, Messieurs, à établir sur la terre le règne de l'ordre, c'est-à-dire le règne de la Paix par le Droit. *(Longs applaudissements.)*

* * *

Discours de M. Lucien Le Foyer, ancien député de Paris

Je suis heureux et fier d'apporter — en quelques brèves paroles, qui ne méritent pas le titre dangereux de conférence, — la salut fraternel des pacifistes français, au premier Congrès belge de la Paix.

Je suis sûr du succès de cette première assemblée. Il suffirait d'ailleurs de jeter les yeux sur la brillante assistance réunie dans cette belle salle, pour constater ce succès. Mais, avant même de franchir cette porte, j'avais la certitude que le congrès réussirait ; et je me fondais sur deux preuves : la première, c'était les noms de ses organisateurs, et la seconde c'était l'union que vous avez réalisée à son occasion entre les divers partis politiques.

Mesdames, Messieurs, je me garderai de louer les organisateurs de ce congrès. Je craindrais d'inquiéter leur délicatesse. Je ne peux pas pourtant taire le respect, la profonde estime que j'ai pour ce jeune vieillard qui s'appelle Houzeau de Lehaie. *(Applaudissements.)* Il y a longtemps déjà que j'ai apprécié pour la première fois ce savoureux mélange de l'esprit français et de l'humour britannique qui caractérise la manière du Belge Houzeau de Lehaie. Il me faut aussi féliciter celui à qui je dois d'être parmi vous, mon éminent ami Henri La Fontaine. J'honore et j'admire en lui l'homme de science et l'homme d'action, celui qui se montre si ardemment attaché aux espérances de l'avenir, et qui fut cependant le créateur de cet admirable Institut International de Bibliographie qu'on doit appeler — je ne redoute pas les grandes formules, — la mémoire du genre humain...

Mesdames, Messieurs, vous savez que la phrénologie se préoccupe de localiser les fonctions cérébrales ; je sais où est localisée la mémoire de l'humanité : c'est à Bruxelles.

Mais c'est surtout à la Belgique pacifique que je viens apporter mon salut et mon hommage. Je viens féliciter le peuple de Belgique, au nom d'une de ces nations qui sont obligées, hélas ! — pour combien de temps? je ne sais, — de gravir le dur chemin du militarisme.

Vous constituez un pays neutre. Je vous envie.

La neutralité, en effet, ce n'est pas ce qu'un vain préjugé pourrait croire. Il y a des neutres qu'on appelle des muets. Un peuple neutre ne doit pas être un peuple muet. Vous avez au contraire à élever haut la voix dans le conseil des nations. Pourquoi? Parce que vous avez acheté le droit au respect en acceptant l'obligation de respecter les autres, parce que vous vous êtes conquis en renonçant à la conquête des autres, parce que vous avez placé la sécurité de votre patrie sous la sauvegarde de son désintéressement. J'entends bien qu'on peut me dire : la Belgique grand peuple au point de vue économique, petit peuple au point de vue du territoire, prétendrait malaisément à la conquête de voisins qui, pour la plupart, ont une population supérieure à la sienne. Cet argument ne me touche pas. Car je sais que les petits peuples comme les grands peuples, risquent d'être saisis de la frénésie ambitieuse, et qu'il leur arrive de céder à la folie conquérante. Quel fut l'agent provocateur, l'auteur effectif, la cause patente et visible de la guerre qui vient d'ensanglanter l'Orient de l'Europe? Un petit peuple. Le Monténégro a déclaré la guerre à la Turquie. Il porte la responsabilité authentique et inépuisable de la rupture de la paix. Il a déchaîné toute la meute des événements. Les petits peuples peuvent s'allier aux grands, pour faire la guerre et provoquer la guerre des grands. Votre mérite reste donc entier et capital. Vous devez être loués pour avoir choisi la bonne route, la route de la Paix.

Je ne me permettrai pas de tracer vos devoirs de pays neutre. Mais vous me permettrez de vous dire quels progrès et quelles espérances les peuples qui n'ont pas le bonheur d'être neutres fondent sur l'effort des nations qui, comme la vôtre, se sont acquis la gloire de la neutralité.

Une première idée vient à la pensée de tout le monde : le rôle des pays neutres en cas d'invasion. Vous vous y êtes préparés. Vous vous y êtes préparés avec une grande vertu, car, en vérité, si le poids des armements et des charges militaires est lourd pour tous, il doit particulièrement le paraître à un peuple neutre qui ne veut pas se battre et qui ne fait que se prémunir contre les égarements des autres.

Donc, voilà pour le neutre, le premier office : se défendre, opposer à l'invasion cette puissance unanime faite matériellement de la force de ses armes et moralement de l'autorité de son droit. Et c'est là un service précieux rendu au monde : lorsque la mer pénètre par quelque brèche dans la carène d'un navire, il est nécessaire qu'une cloison étanche se dresse qui empêche le flot d'aller plus avant.

Telle est la première fonction du neutre, en cas d'invasion. Mais le neutre a encore un autre rôle, et un grand rôle, à remplir, lors même qu'il n'est pas envahi. Ses devoirs et nos espérances ne concernent pas que sa seule défense à l'heure où il est attaqué. Les uns et les autres visent son action permanente pour la défense générale de la civilisation, en dehors de toute agression particulière dirigée contre lui. Le neutre peut avoir une mission de guerre ; il doit avoir une mission de paix.

Il faut le redire : la notion de neutralité a besoin d'être commentée. Elle est en voie d'évolution. Neutralité veut dire : non-participation à la guerre ; neutralité ne doit pas vouloir dire : indifférence en présence de la guerre, abstention à l'égard de la paix.

Prenons un exemple. Le plus récent est le meilleur.

> Les exemples vivants sont d'un autre pouvoir.
> Un peuple dans un livre apprend mal son devoir.

Si les pacifistes ne sont pas des utopistes, la meilleure preuve qu'ils puissent donner de l'excellence de leurs principes, c'est de confronter ceux-ci avec la réalité immédiate, de montrer les fautes qui auraient pu être évitées, les solutions auxquelles on aurait dû recourir.

Qu'a fait l'Europe en présence de la guerre des Balkans ? Elle s'est déclarée neutre, c'est-à-dire qu'elle n'a pas pris parti entre les belligérants, qu'elle n'a pas pris part aux hostilités, limitant ainsi le champ de bataille. Mais sous prétexte qu'elle était neutre, elle a laissé toute liberté aux belligérants, elle a laissé se déployer la guerre sur le champ de bataille ainsi limité, jusqu'à l'épuisement de l'un des adversaires. C'était d'abord observer une bonne et vraie neutralité ; c'était ensuite pratiquer une fausse neutralité, une neutralité coupable.

Je consulte le droit pénal de tous les peuples : Quand un crime est perpétré, le citoyen a-t-il le devoir, a-t-il le droit de se croiser les bras, de se déclarer neutre? Non ! Il n'a pas droit à la neutralité. S'il aidait à la violence, ou s'il favorisait seulement son impunité, il s'en rendrait complice, il serait coupable. Mais il n'a pas la liberté de s'abstenir. Il a l'obligation légale de prêter main-forte à la loi. Il doit aider à l'arrestation du coupable. Ce n'est pas là seulement un devoir moral; c'est une obligation juridique.

Eh bien ! Qu'est-ce que la guerre? C'est le crime international, c'est l'assassinat. *(Applaudissements prolongés.)* Et moi, je le dis bien haut, quand j'ai entendu le premier coup de canon de cette guerre balkanique, avant de mesurer sous quels drapeaux était la plus grande quantité de droit, j'ai obéi au principe suprême « Tu ne tueras point » et saisissant le Monténégro dans la pleine lumière du crime flagrant, j'ai crié : « Assassin ! »

Voici donc le principe inscrit, en matière de crimes individuels, dans les codes pénaux de tous les peuples, qui devra s'inscrire, en matière de crimes collectifs, dans le Code pénal des Peuples : Les États-citoyens ne peuvent prendre parti dans les querelles à main armée ni se mêler aux violences sous peine de devenir eux-mêmes complices de meurtre ou d'assassinat. Et c'est cette interdiction qui constitue aujourd'hui l'élément positif et utile de la notion de neutralité. Les États-citoyens doivent prendre parti pour la paix contre la guerre et prêter main-forte à la loi — à la loi internationale formulée par les Conventions et sanctionnée par les institutions de La Haye. Et c'est cette obligation qui constituera demain l'élément primordial et tutélaire de la vraie notion de neutralité.

Dans toute société, c'est-à-dire dans tout groupement où est constituée une justice, on peut avec raison demeurer neutre entre les hommes ou les États, entre les prétentions affirmées et les droits invoqués ; on doit demeurer neutre entre les violences, sans en préférer ni en assister aucune ; mais on ne doit pas demeurer neutre entre le bien et le mal, entre la paix et la guerre, entre la vie et la mort.

Éclairons ce principe au moyen d'une comparaison familière. Ce qui se passe dans le moindre village fera comprendre ce qui aurait dû se passer en Europe : Quand éclate un incendie, les voisins de la maison sinistrée ne se bornent pas, comme les gouvernements de l'Europe, à proclamer leur désintéressement et leur neutralité, en assurant qu'ils ne jetteront pas de bois à la flamme et n'ajouteront pas le vol à l'incendie ; ils ne se bornent même pas à délimiter les conflits, c'est-à-dire à faire la part au feu ; ils combattent le feu, sachant très bien que, même isolé, il peut s'étendre, si le vent tourne ou souffle plus fort, et gagner les maisons prochaines. Tel est l'enseignement que donnent les villageois aux diplomates.

Ainsi, la fonction des États non belligérants n'a pas pour caractère unique l'abstention des hostilités, ne comporte pas l'expectative, ne se résout pas en une négation ; c'est une mission active ; c'est une obligation positive ; c'est un devoir d'assistance. Le vrai nom de la neutralité, comme l'a écrit notre vénéré ami M. Frederick Bajer, c'est « pacigérance ». Les pacifiques — individus ou États, — ne sont pas des spectateurs passifs et vains, je ne sais quel troupeau interdit et immobile, je ne sais quels déshérités muets aux mains inutiles et vides. Pour reprendre et réaliser la parole de l'Évangile, ils sont « les héritiers de la terre », ils ont à gérer la paix, ils ont le monde à régler, ils doivent être les maîtres du monde.

Mesdames, Messieurs, continuons à étudier la guerre d'Orient. Je suis très frappé de constater qu'en France les militaristes essaient de dégager de cette guerre balkanique deux conclusions, dont ils prétendent tirer des conséquences graves.

Leur première assertion, c'est que les réserves — c'est-à-dire le peuple armé, — ne sont pas capables de supporter le choc de l'ennemi avant d'avoir été encadrées et entraînées pendant trois ou quatre semaines par les troupes du service actif en permanence sous les drapeaux. L'attitude des réserves turques, bulgares, serbes, helléniques, au début de la guerre, justifierait cette assertion. Conséquence : il faut renforcer en France l'armée de premier choc, et la durée du service militaire doit être élevée à trois années.

Je ne veux pas ici discuter la réalité technique des informations ainsi produites ; je ne veux ni marquer que les belligérants ont longuement mobilisé et n'ont commencé la guerre qu'avec leurs réserves, qui se sont, dès les premiers jours, vaillamment conduites, ni observer qu'on assimile aux réserves certaines formations d'arrière-ban qui n'avaient jamais été entraînées ni même instruites et qui seules ont vacillé ; ni rappeler que les rédifs des premières armées ottomanes étaient, pour une large part, des chrétiens qui ont délibérément trahi. Je note seulement le fait international, la leçon morale, je rends manifeste cette répercussion de la guerre, je colore ce lien de causalité entre les événements extérieurs et les événements intérieurs. Curieuse des nouvelles militaires, indifférente au sang versé, la France se croyait à l'abri de tout retentissement de ces catastrophes lointaines, du moment qu'une conflagration générale était évitée. Erreur ! Cette guerre-là devait passer la frontière des Vosges. Sous une forme inattendue, sous la forme, non d'une invasion armée, mais d'un pénétrant souci de défense nationale, elle devait saisir, dominer et vaincre la législation française.

La seconde conclusion que les militaristes veulent tirer de cette guerre est celle-ci : Les troupes vaincues ont subi des calamités effroyables. A l'heure où tout manque — le pain, les soins, les remèdes, — si le vainqueur est un pauvre, le vaincu est un misérable. Ce qui distingue le vainqueur du vaincu, c'est peu de chose, c'est la possession de la source où l'on peut boire, la possession des bagages où sont quelques vivres, la cohésion des formations militaires où sont remèdes et médecins ; mais ce peu de chose sépare la vie de la mort. Les Turcs vaincus et prisonniers ont mangé l'écorce des arbres pour tromper leur faim. Reconnaissez, nous dit-on, que l'individu a le même intérêt que la patrie : la victoire.

Reconnaissons que le sort des vaincus est lamentable. Mais constatons que le sort des vainqueurs, souvent, ne vaut guère mieux. On appelle vainqueurs ceux qui souffrent ou meurent sur le champ de bataille, vaincus ceux qui vont mourir ou souffrir un peu plus loin. Et demandons aux militaristes comment ils peuvent discerner d'avance les vainqueurs et les vaincus. On ne combat jamais sans imaginer qu'on pourra vaincre. La Turquie supposait, au mois d'octobre, qu'elle serait victorieuse, sinon elle n'aurait certainement pas invité ses représentants à quitter les capitales des autres puissances balkaniques. Il y a dans la guerre, de l'aveu de tous les capitaines, une grande part de hasard. C'est une espèce de jeu où, au début tout au moins, on a à peu près cinquante pour cent de chances d'être vainqueur et cinquante pour cent de chances d'être vaincu. Mauvaise affaire ! Les pacifistes ont découvert une solution très supérieure, qui assure à un peuple cent pour cent de chances de n'être pas vaincu : c'est la paix. Cette solution est si décisive et si simple, qu'elle est peu comprise. On lui reproche d'être un postulat et on oublie que ce sont les postulats qui fondent et animent les démonstrations. Les hommes aiment l'aléa, le mystère et le risque, et sont déçus par l'évidence. Pour nous, rappelons les vérités premières : L'entier est plus que l'une quelconque de ses parties ; la paix seule fournit la garantie totale et élimine toutes les possibilités de défaite ; la seule méthode certaine de n'être pas vaincu, c'est de ne pas se battre. Il n'y a que la paix qui soit la sauvegarde et la sécurité de la patrie. *(Applaudissements pro-longés.)*

Aux conclusions que les militaristes prétendent tirer des événements balkaniques, opposons les enseignements qui se dégagent de l'étude réfléchie des faits.

La première maxime que la réalité des faits impose à l'esprit de l'observateur, c'est qu'on ne fait pas à la guerre sa part. Elle échappe à la main qui la déchaîne et s'efforçait de la diriger. On ne gouverne pas les fléaux. Terrible et douloureux témoignage de la solidarité humaine ! Ceux qui se croyaient à l'abri du monstre ne lui échappent jamais complètement. Si la guerre proprement dite ne les atteint pas, ses répercussions, multiples et indéfinies, les saisissent.

Qu'est-ce que la guerre des Balkans, pour le public de l'occident de l'Europe ? Ce sont des nouvelles dans les gazettes. C'est un sujet d'entretien. Ce sont des films au cinéma. Ce sont des ratés de l'artillerie qui provient d'Essen. C'est un feu d'artifice en l'honneur des canons du Creusot. Quelle est la responsabilité de la France dans cette catastrophe en Orient ? Elle est nulle. Quel péril pourra faire courir à la France toute cette chute d'événements ? Aucun... Non, non ! Détrompez-vous ! Vous avez votre part de responsabilité ; vous aurez votre part de châtiment. Vous

doutez de votre responsabilité dans la guerre d'Orient ?
Regardez la chaîne de complicités qui s'est nouée autour de la
Méditerranée : l'Angleterre met la main sur l'Égypte ; la France,
par les accords de 1904, sanctionne l'usurpation, et, en échange,
se réserve le Maroc ; l'Allemagne et la France marchandent et
négocient : la France aura le Maroc, l'Allemagne gagnera le
Congo ; l'Italie et la France s'entendent secrètement : la France
gardera le Maroc, l'Italie prendra la Tripolitaine ; les contre-
coups se répercutent, les événements continuent : les Serbes,
les Bulgares, les Monténégrins et les Grecs constatent que la
Turquie est amoindrie et gênée par la guerre de Tripolitaine ; ils
l'assaillent, ils sont victorieux. Et l'Allemagne sent que l'équilibre dans l'Orient de l'Europe est modifié à son détriment ;
elle redoute les Slaves ; elle prend les mesures de défense
militaire ; elle accroît son armée. Peuple de France, tu suis
avec indifférence, avec satisfaction même, les massacres de Lule-
Burgas et de Kumanovo, tu imagines, avec orgueil et tranquillité,
tes revanches de Macédoine et de Thrace, tu contemples ta
« conquête de l'air » à travers les fenêtres du *Matin*... Ta responsabilité te frappe sur l'épaule et te dit : « Tu vas faire trois
ans ».

La seconde leçon de cette horrible guerre, c'est une démonstration en faveur de la justice et du droit. Démonstration superflue
pour tous ceux dont la conscience est éveillée ; démonstration
précieuse et incomparable pour ceux qui ne croient qu'à ce qu'ils
voient. Si nous proposons à des peuples que sépare un différend,
mais que ne met pas encore aux prises une guerre déclarée, les
solutions du droit, on nous reproche de compliquer les situations
et de soulever les problèmes ; si nous montrons avec précision
quelles solutions simples auraient dû adopter certains peuples
qui se sont effectivement égarés dans les horreurs d'une guerre,
nous ajoutons à la clarté de nos principes tout le relief des faits.

La solution du conflit balkanique — comme de tous les conflits,
— devait être demandée aux méthodes pacifiques et juridiques
inscrites dans les conventions de La Haye.

Ah ! je n'ignore point qu'à l'heure présente les États ne sont pas
obligés matériellement de comparaître devant la Cour d'Arbitrage. Les gouvernements peuvent se dérober aux engagements
qu'ils ont contractés en 1899 et en 1907. S'il existe un greffe de

la Cour chargé de transmettre la proposition d'arbitrage adressée
par une nation à une autre, il n'existe pas de ministère public
qui puisse citer à comparaître un État décidé à se dérober à cette
demande d'arbitrage. Il n'y a pas de parquet international, ou,
pour reprendre l'heureuse formule de Gustave Hubbard, il n'y
a pas encore de procureur général des peuples.

Je n'ignore pas davantage que les deux Conférences de la Paix,
si elles ont constitué le tribunal et réglé la procédure, n'ont pas
défini le droit. Il n'y a pas de code civil des nations. Il n'y a pas
de code pénal des peuples. Les droits des peuples n'ont pas été
reconnus ; leur principe même n'a pas été formulé, qui proclame
que la nationalité est une des formes de la liberté et que les
hommes, rassemblés ou isolés, doivent conserver la faculté
imprescriptible de disposer d'eux-mêmes ; la patrie n'est pas
une des formes de la servitude. *(Applaudissements.)*

L'inexistence d'un parquet international et d'un code des
peuples constitue une double et grave lacune, et un grand péril
pour la paix du monde. Et la conclusion qu'il convient de tirer
de cette constatation, c'est, seulement, de toute évidence, que
la création de ces deux institutions est nécessaire. Mais il serait
excessif et inexact d'en déduire que les belligérants balkaniques
se trouvaient dans l'impossibilité de recourir aux méthodes de
La Haye et de suivre les voies du droit. Le recours aux Conventions de La Haye n'était pas formellement obligatoire ; mais il
était moralement imposé et juridiquement possible. Si les belligérants avaient eu l'intelligence de leur intérêt, ils eussent pris
une pleine conscience du droit ; ils se fussent épargné l'horrible
catastrophe de cette guerre.

Dès 1899, en effet, le préambule de la « Convention pour le
règlement pacifique des conflits internationaux » énonçait que
les puissances signataires estimaient qu'il importait « de consacrer dans un accord international les principes d'équité et de
droit sur lesquels reposent la sécurité des États et le bien-être
des peuples ». C'était donner les bases les plus larges et les plus
solides à l'édifice juridique qu'on a commencé d'élever. L'article 15 de la Convention de 1899, dont les termes sont reproduits
dans l'article 37 de la Convention de 1907, érigeait l'arbitrage
sur le fondement du droit : « L'arbitrage international a pour
objet le règlement de litiges entre les États, par des juges de leur

choix et sur la base du respect du droit. » Les articles 17 de la première Convention et 39 de la seconde, étendent sans limite la compétence arbitrage, en précisant : « La Convention d'Arbitrage peut concerner tout litige. » Ainsi, le droit était officiellement investi de la qualité de juge ; et si la solution de tous les différends n'était pas explicitement formulée dans la Convention, elle était implicitement contenue et virtuellement réalisable.

En fait, avant que la guerre eût creusé l'abîme entre les puissances balkaniques, accrû les prétentions, affolé les ambitions, exaspéré les résistances, les réclamations des États alliés et les concessions de La Porte se rapprochaient extrêmement. Les réformes demandées par le memorandum des Balkaniques, au début d'octobre, ressemblaient assez à certaines formules énoncées dans le traité de Berlin, aux dispositions énumérées dans le projet d'iradé de 1880, pour qu'une formule conciliatrice fût aisée à découvrir si on l'eût voulu chercher.

Les belligérants, — les Turcs comme les alliés, — ont été les victimes de leurs égarements. Les uns et les autres ont accepté la guerre parce qu'ils s'imaginaient vaincre ; ils ont accepté la violence du moment qu'ils la coyaient favorable. Ah ! comme certains petits faits, certains sentiments cachés, certains silences prennent un effrayant relief aux lueurs de l'incendie qui consume les Balkans ! Cherchez les ratifications de la « Convention de 1907 pour le règlement pacifique des conflits internationaux » : 26 États, sur 44 puissances signataires, ont ratifié cette Convention. Mais ni la Bulgarie, ni la Grèce, ni le Monténégro, ni la Serbie, ni la Turquie ne l'ont ratifiée. Habileté coupable ! Défiance funeste du droit ! Fatale complaisance à l'égard de la guerre ! Aucun de ces peuples n'a eu foi dans la justice internationale. Aucun d'eux n'a fait appel à l'arbitrage et n'a eu le bénéfice de pouvoir se proclamer le champion du droit. Ça n'a été qu'une suite de chocs et de violences, sans pitié, sans raison, sans équité, sans principe de pacification.

Voici encore un troisième problème, avec la solution qu'il comporte à mon sens, et que je vous soumets : Quelle peut être la sanction des méthodes pacifiques et juridiques ? Comment imposer à la violence le respect de la justice ? Comment donner la force au droit ? Si une sentence arbitrale était intervenue dans les formes judiciaires, ou si une formule conciliatrice avait été introduite par l'Europe, suivant la voie de la médiation, comment aurait-on pu en assurer l'exécution?

Certains se sont plu, dans cette occasion comme dans plusieurs autres, à signaler l'inutilité de l'arbitrage — qui n'a été inutile que parce qu'il a été inutilisé, — et à critiquer la défaillance des institutions de La Haye, — qui n'ont fait défaut que parce qu'on a voulu les ignorer. Il serait beaucoup plus juste, plus topique et plus suggestif de souligner la faiblesse des puissances, qui sont constamment intervenues, qui ont publié des vœux et prononcé des interdictions, et qui se sont sans cesse reniées elles-mêmes chaque fois que le coq chantait — je veux dire chaque fois que le canon tonnait. La grande faillite, ç'a été la faillite de l'Europe. Le grand fait, ç'a été l'impuissance des puissances. Je ne veux pas de guerre, dit l'Europe ; au demeurant si vous vous battez, je vous laisserai faire. La guerre ne saurait porter atteinte au *statu quo* balkanique, dit l'Europe ; mais que la guerre vienne bouleverser l'état de choses existant et je garantis aux vainqueurs les fruits de leurs victoires. Je ne peux ce que je veux, je veux ce que la guerre veut — voilà ce que confesse l'Europe.

Cette faiblesse dérisoire de la justice et de la paix, cette omnipotence de la guerre sont intolérables.

Pacifiste depuis vingt ans, j'ai hésité sur la sanction à choisir. J'ai longuement réfléchi. Je n'hésite plus : Il faut donner la force au droit ; il faut donner au tribunal international une police internationale ; il faut donner une armée internationale aux États-Unis d'Europe.

Les décisions des tribunaux nationaux ne sont exécutées que parce qu'il y a des gendarmes. Il est puéril d'imaginer que les décisions des tribunaux internationaux seront toujours exécutées de bonne grâce et aimées pour elles-mêmes. Les sentences arbitrales ont, jusqu'ici, toujours été observées, dit-on... C'est que l'arbitrage en est à l'âge d'or, qu'il se montre encore timide et qu'il est considéré comme innocent. L'échappatoire est trop simple : on évite de recourir à l'arbitrage quand on n'est pas disposé à suivre ses décisions. Les justices nationales n'ont grandi, n'ont agi et n'ont été respectées que quand leur intervention a été obligatoire, constante, et sanctionnée par la force. En présence des cupidités et des ambitions, la force ne peut — hélas ! — être éliminée du monde ; elle doit être mise au service du droit.

L'organisation d'une force armée, auxiliaire du pouvoir judiciaire ou de l'autorité politique, c'est là un fait aussi traditionnel
que nécessaire. Il s'est vérifié partout et toujours ; le développe-
pement de la vie internationale doit en amener la réalisation ;
il faut en hâter les bénéfices. Si la Cour de La Haye avait été
saisie du différend balkanique, il eût fallu qu'elle fût en mesure,
non seulement de formuler, mais encore d'assurer le règlement
de ces rivalités ethniques « selon les principes d'équité et de droit,
sur lesquels reposent la sécurité des États et le bien-être des
peuples ». Si l'Europe, au lieu de posséder d'inutiles armées
nationales, instruments de guerre, outils d'ambitions, dépourvues
de tout caractère international et de tout mandat pacifique, avait
possédé une armée internationale qualifiée pour intervenir au
nom de la paix et du droit, pour faire prévaloir l'intérêt général
sur les intérêts particuliers, elle eût pu substituer à ses vœux
dérisoires, incertains et éphémères, une action concertée, permanente et décisive. La seule menace de cette intervention efficace
eût suffi pour effrayer et écarter les velléités de guerre. La seule
présence de cette armée, — unique défense vraiment tutélaire, —
eût dissipé la violence. En Chine, une ébauche d'armée internationale s'est constituée sous les ordres du maréchal allemand
de Waldersee. Il y a un asile plus important encore à préserver
que les légations — c'est la paix ; il y a une citadelle plus importante à prendre que Pékin, — c'est la guerre.

Pour moi, nul doute. On parle beaucoup de désarmement :
on se trompe de problème. La solution pratique et désirable, ce
n'est pas tant le désarmement que l'internationalisation des
armements. On ne détruit que ce qu'on remplace. On ne pourra
supprimer les armées nationales qu'en leur substituant une
armée internationale. On n'abolit pas les forces, mais on change
leur point d'appui. La force armée est aujourd'hui un instrument
des nations contre la paix ; elle doit devenir un instrument de l'internation contre la guerre.

Enfin, la dernière médiation à laquelle nous contraint cette
guerre balkanique, c'est une fois encore, une médiation sur l'idée
de patrie, sur le sentiment du patriotisme. Voici cinq peuples
qui viennent de sacrifier, sur l'autel de la patrie guerrière, des
milliers et des milliers de vies humaines, et qui proposent un
effrayant mélange d'héroïsme et d'atrocités à notre admiration

de patriotes paisibles. Mérite-t-elle la gloire, la sympathie, les circonstances atténuantes, cette horrible guerre? Ces rivalités ethniques, ces haines religieuses étaient-elles inévitables? L'homme est-il naturellement un loup pour l'homme, et la conversation du canon est-elle le dernier mot du langage humain?

Pour répondre, il n'est même pas besoin de rêver; il suffit de voir. Il est superflu de prendre la peine d'imaginer l'avenir; il suffit de se souvenir du passé. Certaines traditions sont révolutionnaires; l'histoire a ses révélations miraculeuses.

Pourquoi n'aurions-nous pas les États-Unis d'Europe, puisqu'on voit exister les États-Unis d'Amérique? Il y a, dans le nouveau continent, un immense État fédératif dont la population s'accroît par dizaines de millions et qui pourra compter un jour autant d'habitants que l'Europe entière. Est-il plus logique de penser qu'un fait américain peut devenir un fait européen, ou de croire l'ancien monde à jamais incapable de réaliser ce que le nouveau monde à réussi? Pourquoi n'aurions-nous pas l'Europe unie, puisqu'on a vu pendant des siècles, la Chine unitaire? Ce morceau de l'Asie orientale qui s'appelle la Chine est plus peuplé que ce morceau de l'Asie occidentale qui s'appelle l'Europe. Est-il définitivement prouvé que les Blancs soient plus barbares que les Jaunes?

Précisons cette réalité que constituent les États-Unis d'Amérique. Qu'est-ce que les Américains? Ce sont des Anglais, des Irlandais, des Allemands, des Français, des Italiens, des Autrichiens, des Russes, qui ont traversé l'Atlantique emportant leurs caractères ethniques, leurs préjugés de race, leurs traditions et leurs souvenirs, leurs idées sociales, leur sentiment religieux. Ajoutez à ces divers contingents des contingents nouveaux, chaque année grossis, des jeunes gens appartenant aux générations contemporaines, mêlés à toutes nos querelles, des Anglais et des Irlandais qui ont lutté autour du home rule, des Italiens et des Autrichiens qui se sont heurtés dans les plaines lombardes, des Français et des Allemands dont les pères se sont égorgés en 1870... Se battent-ils? Ils s'unissent. Sous les auspices de leurs patries divisées ils se seraient volontiers assassinés. Sous le drapeau assembleur d'étoiles, ils collaborent. *(Applaudissements.)*

Pourquoi l'Amérique est-elle les États-Unis, et l'Europe les États-Ennemis?

Ces hommes n'ont pas la haine en eux. C'est donc que toute leur haine était liée à l'idée qu'ils se faisaient de la patrie. C'était la patrie guerrière qui guerroyait en eux. Substituez à l'idée de la patrie guerrière l'idée de la patrie pacifique, ils se trouveront faits pour s'entendre. Que l'Europe prenne garde ! L'Amérique en face d'elle, érige un contraste cruel, dont on ne sait s'il appelle davantage sur le vieux monde la moquerie ou le mépris. Que fais-tu de tes enfants, dit l'Amérique? — Des soldats qui se menacent et qui attendent, chargés d'armes horribles et ruineuses, et qui, à l'occasion, se tueront les uns les autres. Et toi, que fais-tu de tes enfants, dit l'Europe? — Ces citoyens qui travaillent et qui, peu à peu, par les produits de la paix, conquièrent le monde.

Les responsabilités de l'Europe sont écrasantes. La culpabilité des Gouvernements doit être courageusement stigmatisée.

Les Gouvernements veulent la paix et préparent la guerre; et ils sont si tremblants devant les vieux sophismes qu'ils affirment ne préparer la guerre que parce qu'ils veulent la paix.

Les hommes d'État n'ont pas eu le loisir de comprendre ou n'ont pas l'audace d'avouer que pour réaliser la paix il faut préparer la paix.

La paix, ce n'est pas une sorte d'état négatif, que l'absence de guerre suffirait à caractériser, à conditionner et à définir. C'est un état positif, complexe et déterminé, qui exige certaines institutions d'ordre judiciaire, administratif et politique, et qui ne peut durer et croître si l'on néglige de créer les organes dont il a besoin.

Que font les Gouvernements pour nous assurer la paix? Voilà des années qu'ils ne font plus rien.

En 1909, je disais à M. Pichon, ministre des Affaires étrangères, du haut de la tribune de la Chambre française : « La France qui, en quatorze mois, d'octobre 1903 à décembre 1904, avait conclu sept traités d'arbitrage, n'en comptait au total que neuf au mois d'avril 1908, au moment où fut publié le Livre jaune. Depuis, si je ne me trompe, une seule convention d'arbitrage fut promulguée, qui lie la France et le Portugal. Peut-être pouvons-nous nous étonner, nous qui ne sommes pas au courant des détails des tractations diplomatiques, des secrets des chancelleries, que, depuis cette époque, le nombre des traités d'arbitrage n'ait presque pas augmenté. Il me semble que plusieurs puissances, avec lesquelles la France nourrit des relations d'amitié, pourraient conclure avec nous des traités d'arbitrage. Pourquoi la France, qui a un traité d'arbitrage avec la Hollande, n'en a-t-elle pas avec la Belgique? Pourquoi la France, qui a un traité d'arbitrage avec l'Italie et la Grande-Bretagne, n'en a-t-elle pas avec la Russie? Pourquoi n'y a-t-il dans les deux Amériques, que les États-Unis avec qui nous soyons liés par un lien de cette nature? La France ne pourrait-elle pas proposer ou suggérer la proposition d'un traité d'arbitrage permanent à telle ou telle des républiques de l'Amérique latine, dont on a pu constater les dispositions pacifistes à la Conférence de 1907? » Depuis cette époque, cette abstention des Gouvernements s'est maintenue, c'est-à-dire aggravée. En ce qui concerne nos deux pays, la Belgique n'a conclu depuis 1906, la France n'a conclu depuis 1909 aucun traité d'arbitrage nouveau.

La vérité, c'est que les Gouvernements n'ont pas fait leur devoir. La politique internationale qu'a suivie l'Europe depuis ces dernières années se résume en deux mots : Les nations d'Europe ont rivalisé en conquêtes coloniales ; elles ont marchandé, vendu et acheté honteusement le territoire et la liberté des autres races. L'Europe a autorisé la guerre entre États européens, en Tripolitaine d'abord, dans la péninsule balkanique ensuite ; elle a sanctionné les violences et les conquêtes qui ont été l'objet et le résultat de ces guerres ; elle obère et ruine les peuples par le système de la paix armée. Qualifions comme il convient cette politique européenne : c'est la faillite des Gouvernements.

Les Gouvernements essaient de se défendre en recourant aux procédés ordinaires ; ils pratiquent l'alibi. Je ne suis pas responsable, dit chacun d'eux ; le coupable, c'est mon voisin ; je ne fais que me défendre, c'est lui qui songe à m'attaquer. Mais le voisin parle de même. Les États ressemblent à ces écoliers que le maître aperçoit et gourmande, cachés derrière une porte, l'œil au guet, les poings fermés : « Pourquoi veux-tu frapper ton petit camarade? » Et l'État, ou l'enfant, répond : « Monsieur, ce n'est pas moi, c'est lui. » Mais le petit camarade en dit autant. Cette double excuse est ridicule. La défiance et la précaution se justifient dans des circonstances données et pour des raisons momentanées.

La prolongation d'un semblable régime est absurde et intolérable. Il est indispensable d'entrer dans la voie des explications, de formuler les différends et de travailler à les résoudre. Les Gouvernements qui entretiennent, en même temps que les armements l'hostilité des États, qui ne savent ni écarter les conflits possibles ni élaborer les relations futures des peuples, manquent à leur devoir.

Il n'est peut-être pas de question sur laquelle les Gouvernements et l'opinion régnante soient plus aveugles que sur la notion de la patrie, de son intérêt, de sa destinée. Ils ne voient que la patrie du présent ; ils ignorent l'évolution de la patrie dans le passé ; ils n'aperçoivent pas la moindre lueur de la patrie de l'avenir.

Messieurs, l'année dernière on célébrait en France le millième anniversaire de la fin des guerres de Normandie. S'agissait-il de la conquête de la Normandie par les Francs? Non, il s'agissait de la conquête d'une partie du sol français par les Normands. Ce n'était pas une victoire, c'était une défaite qu'on célébrait. Pendant de longues années, nos pères avaient difficilement et héroïquement lutté contre ceux qu'on appelait les barbares. C'était au nom du patriotisme, d'un patriotisme qui passait pour certain, impérieux et sacré, qu'on voulait jeter à la mer les envahisseurs... De guerre lasse, on a fini par céder. Cette lassitude était une sagesse. Cette paix était providentielle. Cette défaite devenait la vraie victoire. Depuis longtemps, les Normands se sont fondus avec les Français. Et le pays de Normandie est devenu un des plus purs et plus caractéristiques pays de France. Où trouveriez-vous place pour des champs de bataille sacrilèges, pour des luttes insensées, entre l'estuaire de la Seine et Paris? C'est la patrie une et indivisible. Et si le Normand voulait remonter vers les mers du Nord, si l'envahisseur voulait abandonner sa conquête, si l'effort patriotique des Français d'il y a mille ans pouvait aujourd'hui rejeter à la mer les fils de l'ancien barbare conquérant, quelle clameur indignée à travers toute la patrie française, à travers le monde civilisé !

Voilà le fait, plus beau qu'un rêve : Le vrai patriotisme des Français du xe siècle, c'était de faire la France, c'était de s'unir aux Normands !

C'est un mystère auguste que celui du mariage des nations, de l'union des peuples. Il y a une véritable démence à vouloir construire l'histoire sans reconnaître ces associations, sans les préparer, sans les rendre aisées et heureuses. Les peuples ne restent pas isolés dans leurs frontières, comme les jeunes gens ne restent pas enfermés dans leur maison. Le besoin d'union qui domine le monde conduit les hommes et les nations au rapt et à la violence, aux guerres et aux vendettas, aux persécutions et aux servitudes, si la prévoyance des pasteurs humains n'a pas permis et réglé l'alliance des familles et des nations.

Les petites patries doivent devenir une grande patrie. En isolant par la violence la patrie d'aujourd'hui, vous tuez la patrie qui veut naître.

Messieurs, raisonnons comme les mathématiciens : supposons le problème résolu.

Supposons les États-Unis d'Europe constitués. Supposons une organisation soit unitaire, soit fédérative, des divers pays qui composent aujourd'hui l'Europe. Les historiens parlent à l'opinion, les maîtres enseignent aux enfants, et voici ce qu'ils disent : « C'était au XXe siècle. Il y avait alors des Français, des Anglais, des Allemands, qui voulaient rester exclusivement Français, Anglais ou Allemands, comme autrefois les anciens peuples de France avaient voulu rester Bretons, Bourguignons ou Angevins. Par on ne sait quelle aberration de leur patriotisme, ils retardaient la formation de l'Europe, comme les autres avaient retardé la formation de la France. Déplorons leur aveuglement — dont ils furent, d'ailleurs, trop châtiés par des guerres horribles. » — Les honnêtes gens sont unanimes à penser comme les historiens. Les enfants accueillent comme une vérité éternelle la parole évidente des maîtres. — Et si, à ce moment, quelqu'un, au nom de notre patriotisme d'aujourd'hui, à jamais condamné et caduc, essayait de détacher et d'isoler, dans le dessein de la doter d'une indépendance absurde, d'une souveraineté monstrueuse, une partie quelconque du grand État Européen — l'Angleterre, la France, l'Allemagne, — quelle clameur contre cette désertion coupable, contre cette trahison de la patrie européenne ! — Voilà le fait unanime et très simple qui se passera demain, comme il se passe aujourd'hui, comme il s'est passé hier. Et c'est pourquoi j'arrête le glaive des meurtres, au nom de la vraie patrie, qui est l'Union des Patries, depuis le petit village jusqu'à l'Europe, jusqu'au Monde... *(Applaudissements prolongés.)*

Séance du Dimanche 8 Juin 1913
à 2 heures 1/2

I. — LA LIBERTÉ DU COMMERCE EN TEMPS DE GUERRE

Le Président. — Si vous voulez bien, nous examinerons d'abord la question qui a fait l'objet du rapport sur la liberté du commerce en temps de guerre. C'est le rapport n° 3. Vous avez tous reçu ce rapport. Il a été convenu qu'on n'en donnerait pas lecture. Mais seulement M. Mahaim veut bien prendre la parole pour en faire le résumé.

M. Mahaim résume le rapport reproduit d'autre part.

M. La Fontaine. — Il est certain que cette question est très spéciale, qu'il faut être quelque peu juriste du droit international pour pouvoir la discuter utilement. Je n'ai pas besoin de vous dire que je suis complètement d'accord avec mon ami M. Mahaim, sur les principes et les conséquences qu'il en a tirées. Si je me lève, c'est pour donner suite, dans notre pays, à une suggestion que nous a faite M. Le Foyer, en nous disant : les pays neutres n'ont pas seulement à s'abstenir, ils doivent aussi agir lorsqu'il s'agit de faire prévaloir des principes pacifistes. M. Mahaim vous rappelait tantôt que la Belgique, malgré ses considérables intérêts commerciaux, n'a pas été invitée à la Conférence de Londres et que par conséquent elle semble exclue de la convention qui a été adoptée là-bas. Cette convention, comme vous le savez, n'a pas encore été ratifiée. De nombreux États attendent le geste de l'Angleterre avant de se prononcer à leur tour. L'Angleterre, si libérale et si progressiste, a eu dans cette question de la contrebande de guerre et des prises maritimes, une attitude que tous les pacifistes ont regrettée. Lors de la Conférence de la Paix de 1907, elle a refusé de ratifier la convention sur le règlement des prises, précisément parce qu'il n'y avait pas de convention établissant les règles qui seraient appliquées, quelles seraient les matières qui pourraient être saisies, quelles seraient celles qui ne pourraient pas être saisies, et la Conférence de Londres a précisément eu pour objet de déterminer ces matières. Ainsi que le disait tantôt M. Mahaim, la définition et l'énumération des matières saisissables prête évidemment à des critiques nombreuses et dans les milieux maritimes et juridiques; l'on ne s'est pas fait faute de critiquer les trois thèses de la Convention de Londres. Il n'en est pas moins vrai que cette convention constitue un considérable progrès sur ce qui existait auparavant. Antérieurement, nous n'avions rien du tout; il n'y avait que des usages qui étaient excessivement variables parce qu'on admettait que les belligérants, au moment où une guerre était déclarée pouvaient, par un simple décret, annoncer qu'ils saisiraient telles ou telles marchandises de façon à atteindre plus directement, non pas au point de vue militaire, mais au point de vue économique, les intérêts commerciaux de l'Etat ennemi. Cela était laissé absolument à la fantaisie de l'un ou de l'autre des belligérants.

Si la Convention de Londres était signée, nous sortirions de cette incertitude. Il y aurait quantité de marchandises qui échapperaient à la prise maritime. Le navire pourrait indiquer son port de destination et s'il se dirige sur un autre port qu'un port ennemi, les marchandises échapperaient. Il y a des principes qui depuis longtemps sont défendus par des juristes et qui seraient consacrés par la signature des Etats. On ne parvient pas à l'obtenir du Gouvernement anglais et, bien qu'il ait demandé la réunion de la conférence sur son propre territoire, il se refuse à ratifier la convention. De différents côtés, on a invité les Etats à la ratifier. Il y a lieu, suivant moi, d'inviter le Gouvernement belge à faire un geste dans cette direction. Mais je sais, hélas, ce que notre Ministre des Affaires étrangères me répondra, si je l'interroge à ce sujet : « Nous sommes un pays neutre; ce n'est pas à nous à faire la leçon aux grands Etats, aux grandes puissances, qui sont les garants de notre neutralité. »

Mais j'estime précisément qu'un congrès comme le nôtre doit

inviter le Gouvernement belge à sortir de cette réserve. J'estime que cette réserve est ridicule d'une part et constitue un manque de courage d'autre part. Ce n'est pas parce que nous sommes un petit pays neutre que nous n'avons pas le droit de dire ce que nous pensons de l'attitude de certains grands États. Je propose donc d'ajouter à la conclusion de M. Mahaim, une invitation au Gouvernement belge, à faire par la voie diplomatique auprès des États qui ont fait partie de la Conférence de Londres, une démarche pour les prier de bien vouloir ratifier cette convention, attendu que les petits États ont un intérêt majeur à ce que, sur cette question commerciale, il y ait une certitude absolue. Voyez en effet l'incertitude dans laquelle se trouverait le commerce belge dans le cas d'une guerre entre l'Allemagne et l'Angleterre. Cette incertitude doit prendre fin. La neutralité ne doit pas être seulement abstinente, elle doit être aussi agissante. *(Applaudissements.)*

LE PRÉSIDENT. — Quelqu'un demande-t-il la parole?

M. MAHAIM. — Je me demande s'il est possible que le Gouvernement belge, n'ayant pas assisté à la conférence, malgré le grand intérêt qu'il aurait à adhérer à la convention de Londres, puisse agir, faire une démarche, demandant la ratification de la convention.

M. MARINUS. — L'article 70 de la convention signée à Londres, prévoit que le Gouvernement britannique est invité à prier tous les Gouvernements de ratifier la convention.

M. MAHAIM. — Parfaitement.

M. MARINUS. — Il faudrait savoir si le Gouvernement britannique a adressé, à tous les Gouvernements, cette demande. Si cette demande a été adressée, le Gouvernement belge est en droit de ratifier la convention.

M. LA FONTAINE. — Je pense que cet article ne peut pas être interprété dans le sens qu'indique M. Marinus. La convention est ce qu'on appelle une convention ouverte, c'est-à-dire que les États qui n'ont pas assisté à la conférence, qui n'ont pas signé la convention, peuvent le faire ultérieurement. Si pour cette convention maritime il n'en est pas ainsi, il n'y a que les États qui ont assisté à la conférence qui peuvent la ratifier.

M. MARINUS. — J'en suis tout à fait certain.

M. LA FONTAINE. — Je n'en suis pas sûr, mais je pense que

même si notre pays n'avait pas le droit d'adhérer à la convention, le Gouvernement belge, ayant un énorme intérêt à être fixé sur la question des prises maritimes, aurait le droit d'inviter les autres Gouvernements à faire un geste qui pourrait avoir un intérêt considérable pour nous. Je ne vois pas en quoi une grande puissance se trouverait froissée parce qu'on l'a invitée à faire une chose qu'elle a elle-même voulu faire. J'estime que nous devons quelquefois entrer dans une nouvelle voie. Il ne faut pas être aussi prudent et aussi abstentionniste. Et je ne sais pas pourquoi la Belgique ne commencerait pas? Il ne s'agit pas évidememnt de dire aux gens d'une façon grossière : signez ! Mais messieurs les diplomates trouveront bien des phrases qui ne froisseront personne et qui nous satisferont.

Le Président. — Quelqu'un demande-t-il la parole? Si personne ne demande la parole, je vais mettre aux voix les conclusions de M. Mahaim, avec l'annexe de M. La Fontaine. Je vous rappelle ces conclusions :

Considérant qu'il est de principe que la guerre est une relation d'Etat à Etat et que, par conséquent, le commerce doit être maintenu libre entre les individus et les Etats qui ne sont pas engagés dans la guerre;

Le Congrès émet les vœux :

I. Que la propriété privée soit respectée même dans la guerre maritime;

II. Que, conformément aux principes impliqués dans le Règlement des lois et coutumes de la guerre sur terre de 1907, la liberté du commerce soit maintenue entre sujets et Etats belligérants.

Que ceux qui sont d'avis d'adopter cette motion veuillent bien lever la main. Cette résolution est adoptée à l'unanimité.

Il reste maintenant la proposition de M. La Fontaine.

Je vous propose d'attendre jusqu'à demain avant de la voter, afin que le texte de la convention puisse être vérifié. *(Adhésion.)*

II. — LA PAIX ET L'ÉDUCATION

Le Président. — Messieurs, on a proposé également de porter à l'ordre du jour de ce congrès une question qui se rapporte à la Paix et à l'Éducation. Messieurs les instituteurs et mesdames les institutrices, étant libres aujourd'hui, mais pas demain, nous avons pensé qu'il y avait lieu de faire passer cette question dans la séance de cet après-midi. Des rapports ont été présentés par MM. Winnens, Rossignol et Mlle Hamer ; il a été fait en outre un autre rapport par M. Rossignol sur les Universités populaires.

La parole est à Monsieur Rossignol.

M. ROSSIGNOL résume le rapport reproduit d'autre part.

Mme ANDRÉ. — Je regrette beaucoup de venir jeter une ombre sur le tableau que vient de nous faire M. Rossignol, mais j'estime que tout ce qui a été dit nous met en présence d'une humanité, je dirai modèle, et d'enfants modèles aussi. Si nous voulons regarder autour de nous, nous voyons tout le contraire. Pour que l'enfant puisse comprendre le tableau de morale que je vois ici, il faudrait vraiment qu'il ait le cerveau très bien développé, et tout au moins très bien constitué. Je ne sais pas s'il y a beaucoup d'enfants qui aient un cerveau à cette hauteur. J'avouerai que je ne parle que des enfants en général, et pour la bonne raison que l'alcoolisme fait de grands dégâts. Aussi je pense qu'à la rubrique : *Santé publique*, il faudrait absolument que l'on ajoute en grandes lettres *Alcoolisme* et *Abstinence*. Si nous voulons que la paix règne entre les nations, entre tous les peuples, chez les grands et les petits, il faut aussi que les parents montrent l'exemple. Or, si les enfants doivent être éduqués sur ce point, je pense qu'il faut commencer à éduquer les parents, car il est évident que les parents ne sont pas toujours à la hauteur d'enfants qui devraient observer ce programme de morale. Or ce qu'il faut aux enfants, c'est l'exemple, et je pense que si les parents ne savent pas le donner, ce n'est pas à l'école que les enfants doivent le chercher.

L'école est faite pour l'instruction et si les instituteurs doivent s'occuper de l'éducation, que deviendront-ils? Car l'instruction qu'ils ont à donner est déjà bien au-dessus de ce qu'ils peuvent faire dans les conditions actuelles. Alors, je trouve que le mouvement antialcoolique est tout à fait indiqué dans les écoles. On parle d'antialcoolisme d'une manière si peu tangible qu'on n'arrive à rien. Pour qu'il ait de l'influence, il faut que les grands montrent l'exemple. Je vous ferai remarquer que je suis présidente d'une société antialcoolique et par conséquent assez bien documentée sur cette question.

M. JAMAR. — Je ne suis pas tout à fait d'accord avec M. Rossignol quant au cours de morale qu'il voudrait voir introduire dans l'enseignement primaire et qu'il emprunte à Mme Fannie Fern Andrews, de Boston.

Les méthodes américaines d'enseignement, qui tendent de plus en plus à remplacer les vieux procédés d'instruction usités dans divers pays d'Europe, se caractérisent par leur côté essentiellement pratique. L'enseignement théorique et d'allure systématique y est remplacé par un enseignement adapté aux besoins psychiques de l'enfant. On y fait plutôt de la morale pratique et quelque peu occasionnelle, on ne l'enseigne guère d'après un plan préétabli.

Je ne vois pas bien pourquoi M. Rossignol attache une si grande importance au côté sentimental ; les questions de *bienveillance* et *d'assistance* ont fait toujours l'objet des soucis du personnel enseignant. Dans cette voie, il ne semble pas qu'il y ait de grands progrès à faire. Du reste, sous peine de s'égarer, il y a lieu de bien déterminer le rôle véritable de l'école et d'assigner la place qui peut revenir aux préoccupations sentimentales dans notre enseignement.

Dans une société fermée, c'est-à-dire celle où tous les membres ont des idées, des croyances, des préjugés uniformes — comme chez les primitifs par exemple, — l'éducation consiste à faire assimiler les règles d'après lesquelles s'établissent les relations interindividuelles de ses membres ; mais il n'en est plus de même dans une civilisation avancée comme la nôtre ; les individus y ont les opinions les plus divergentes. L'école qui doit préparer l'enfant pour la vie, tout comme chez le primitif, a pour rôle de lui donner *un fond commun* de connaissances, de croyances et d'habitudes, qui puisse servir de base aux relations que doivent pouvoir nouer des individus appartenant à une même civilisation. L'enseignement qui se laisse guider d'après une doctrine déterminée risque de cultiver chez les élèves un esprit unilatéral et sectaire qui est un facteur de désagrégation sociale redoutable.

Le sentiment pacifiste comme tel, pas plus que celui du militarisme, n'est à l'heure actuelle l'apanage de toutes les consciences et il nous paraît abusif de les inculquer à des enfants dont l'esprit critique est encore incapable de se faire un jugement personnel. Il y a des organismes sociaux extra-scolaires qui peuvent propager de tels sentiments. L'enseignement à l'école doit se borner à donner des connaissances qui s'appuient sur des données objectives ; il ne devrait jamais s'éloigner de l'étude et de l'interprétation des faits, afin de ne pas courir le risque de sortir de son rôle véritablement social. L'école ne devrait être le lieu de propagation d'aucune doctrine.

Il s'en faudrait de beaucoup cependant pour que cette conception exclût de l'enseignement primaire le problème de la vie internationale et du pacifisme. Celui-ci se base aujourd'hui sur des faits — M. Rossignol le dit excellemment à la page 3 de son rapport, — et c'est d'après eux que l'on devrait orienter cet enseignement. Les leçons d'histoire, de géographie, de notions d'économie politique ou industrielle, etc., en fournissent des occasions innombrables.

M. Rossignol disait à l'instant, qu'à l'école primaire les élèves ne sont pas aptes à comprendre cet enseignement. Je crois, au contraire, que les enfants de 11 à 13 ans comprennent fort bien les questions de vie et de paix internationales, quand elles sont basées sur une intuition solide. Je n'en veux pour preuve que la visite que j'ai pu faire avec mes élèves au Musée International, organisé au Palais du Cinquantenaire, où M. Marinus a fait saisir sur le vif l'importance du pacifisme et des rapports que les nations ont entre elles par la seule méthode de l'interprétation de la riche documentation que l'on y a accumulée.

M. WITTEMANS. — Je comprends la pensée de M. Jamar, mais je pense que vous ne partagerez pas son avis. Il déclare que le projet de M. Rossignol se rapporte trop à la question de sentiments et qu'à l'école on n'a pas à faire du sentiment. Je pense que notre collègue se trompe. Le sentiment fait partie de l'éducation incontestablement. Et je suis d'avis qu'à l'école on forme le caractère et que, par conséquent, le sentiment y a sa part. Peut-être avez-vous trouvé que la proposition de M. Rossignol était un peu trop étendue et qu'il n'y avait pas lieu de déposer ce projet pour toutes les écoles. M. Rossignol lui-même, je suppose, propose de laisser à l'initiative de chaque instituteur et institutrice, l'application d'une donnée dont il a fait une application fort intéressante. Ce que je vois dans la proposition de

M. Rossignol, c'est le travail immense qui incombe à l'instituteur pour former le caractère de l'enfant grâce au travail de la pensée. Et à ce point de vue, nous ne pouvons assez mettre en lumière que la pensée est un levier formidable qu'il importe déjà de faire fonctionner dans les jeunes âmes des enfants.

Qu'il me soit permis, et ici je m'adresse au Bureau, d'ajouter quelques mots comme secrétaire de la Ligue Théosophique belge pour la Paix Universelle. C'est précisément dans ce but que nous théosophes, travaillons au point de vue de la formation du caractère par la pensée et il nous semblait que notre rapport aurait dû être discuté dans la section qui délibère maintenant, à savoir la section s'occupant de l'éducation et de la paix. Il paraît que certaines personnes ont trouvé dans le rapport, que j'ai eu l'honneur de présenter, certains caractères religieux qui n'y étaient certainement pas. La Théosophie n'est pas une religion, la Théosophie est une méthode de développement de l'homme par le caractère, la pensée individuelle et comme telle il nous semblait quand j'ai lu le prospectus de votre congrès, que la Théosophie devait y intervenir. Je pensais que notre rapport y serait catalogué. On nous a demandé de ne pas discuter notre rapport. Nous nous inclinons devant cette décision sans appel du comité. Je conclus en disant ceci : que nous devons rendre hommage à M. Rossignol d'avoir compris qu'il y a une chose immense à faire dans l'école en développant le caractère de l'enfant, en l'habituant à penser. Nous devrions donc, et je pense que l'assemblée sera unanime à approuver le rapport, tout en laissant à chaque instituteur l'initiative d'appliquer le programme qui y est suggéré suivant les circonstances et ses inspirations personnelles.

M. De Geynst. — Quelque intéressants que soient les discours qui viennent d'être prononcés, je leur reproche d'être un peu platoniques et un peu métaphysiques, j'en excepte toutefois le discours de M. Rossignol et il est certain qu'au point de vue de l'école, il est parfaitement vrai. On devrait introduire cette question, celle de l'éducation des parents avant l'éducation des enfants. Mais ce matin, l'assemblée a chaleureusement applaudi les belles paroles de M. Houzeau de Lehaie, qui a parlé des combats de boxe publics. Il est certain que si on engage les enfants à aller voir ces concours brutaux, alors que deux individus qui se collètent dans la rue sont conduits au cachot, on ne développera pas dans leur esprit les idées pacifiques. Il faut d'abord enlever de l'éducation ces instincts de brutalité qui sont trop répandus par ces concours.

Je demanderai donc que le congrès proteste énergiquement contre l'abus de ces sports poussés à outrance, tels que ces exhibitions de boxe et, de plus, je demanderai qu'il émette un vœu en vue de l'adoption, la plus proche possible, par le Parlement, d'un projet de loi, qui a été déposé par des députés de deux partis, catholique et socialiste, en vue de la suppression de ces combats publics. Tout à l'heure, en parlant de l'éducation faite par les instituteurs, M. Rossignol a dit de très bonnes choses. Mais il faut croire que beaucoup d'instituteurs ne le comprennent pas de cette façon. Quand je parle de concours de boxe, je veux aussi parler de courses de vélos. C'est un véritable étalage de brutalité et de souffrance. Et ces sports sont fort goûtés par une grande partie de la population belge.

Et voici comment un instituteur comprend sa mission. Je lis dans le *Peuple* d'aujourd'hui, une lettre écrite par un père de famille de Hal, à ce propos :

« ... Mes enfants fréquentent l'école moyenne de l'État de cette ville ; trop souvent on les distrait de leurs études pour des motifs les plus divers.

» On les mène, par exemple, à l'église, pendant les heures de classe, sous la conduite de deux ou trois instituteurs.

» Il me semble qu'on pourrait choisir un tout autre moment, en dehors des heures de cours en tout cas.

» Mais ce qui dépasse toutes les bornes, c'est ce qui s'est passé le mardi 6 mai dernier : la classe supérieure, le directeur en tête, a déserté le cours pour assister au passage des coureurs cyclistes du « Tour de Belgique ».

» Je me demande vraiment quelles relations on peut établir entre une manifestation sportive d'aussi mauvais goût et l'enseignement !

» Selon moi, les instituteurs devraient, au contraire, réagir contre l'excès des sports qui sont un obstacle au développement intellectuel de la jeunesse.

» J'espère, Monsieur le Directeur, que des mesures énergiques seront prises par les autorités, afin que soient appelés, à la stricte observation du règlement, les coupables. »

Voilà comment certains instituteurs comprennent leur rôle éducatif. Je demande donc que le congrès, d'abord, émette une protestation énergique contre ces courses de vélos sur routes, ensuite émette le vœu de voir le Parlement adopter le plus vite possible un projet de loi qui a été déposé relativement à cet objet. *(Applaudissements.)*

M. Mahaim. — Mesdames et Messieurs, je tiens à dire tout de suite que sans être abstinent, je suis antialcoolique. Je réprouve de la façon la plus énergique, les combats de boxe publics, films cinématographiques qui vont les reproduire et qu'ensuite je considère que l'instituteur dont on vient de parler a manqué à ses devoirs. Mais je vous demande : Est-ce que nous allons ici voter des vœux pour tous les projets de lois? Je vous demande de faire de la division du travail et de vous en tenir à la question du pacifisme. Je crois qu'il n'y a pas d'inconvénient à voter le premier vœu de M. Rossignol, comme il a été dit, dans le programme détaillé. Nous sommes tous d'accord.

Mais il y a une confusion qu'il ne faut pas faire. Il ne faut pas croire qu'en essayant de faire des petits moutons de nos enfants, nous faisons du pacifisme ; la question est beaucoup moins facile que ne le croient beaucoup d'instituteurs. Il ne faut pas croire qu'à l'école primaire les enfants savent ce que c'est que la Cour de La Haye. J'ai entendu des gens demander que les enfants soumettent leurs différends à l'arbitrage. Ce n'est connaître ni l'arbitrage, ni les enfants, que de demander des choses semblables. il faut rendre les choses plus claires. Il faut donner des exemples objectifs, c'est-à-dire concrets et voici des recommandations qui, me semble-t-il, peuvent, notamment dans les grandes villes, être facilement faites par les instituteurs. On dira peut-être que ce n'est pas dans le programme. On a parlé à des enfants d'école primaire d'Anglais et d'Allemands. Ils savent tous ce que c'est qu'un Anglais, un Allemand. Eh bien, l'éducation pacifiste, pour ces petits enfants consiste à ne pas se moquer d'un Anglais parce qu'il a un pantalon à carreaux, à ne pas se moquer d'un Allemand parce qu'il prononce mal le français.

Voilà, voyez-vous, ce qui peut s'enseigner à l'école, beaucoup plus que les grands sentiments par des grands mots. Je ne dis pas qu'on ne peut pas s'élever à de grands sentiments par de grands mots. Mais soyons avant tout pratiques. Restons-en là. *(Applaudissements.)*

Mme ANDRÉ. — Un exemple objectif c'est bien, mais lorsque les enfants rentrent chez eux ils trouvent leur père ivre-mort ; ils voient assassiner leur mère et tuer leurs frères. J'insisterai beaucoup pour qu'au vœu de M. Rossignol on appuie sur la question alcoolisme et pacifisme. L'alcool est antipacifiste. Dans toutes les classes de la société, nous voyons toujours que tout ce qui arrive est toujours fait par des alcooliques nés ou qui le sont devenus. J'insisterai beaucoup pour que la question de l'abstinence vienne avec la paix et l'alcoolisme avec l'anti-pacifisme.

Mme REY. — Je crois qu'il est inutile de discuter la question de savoir s'il faut agir sur les parents d'abord, ou sur les enfants. On ne peut réunir les parents, tandis que les enfants sont sous l'influence directe des instituteurs.

J'ai vu des enfants de divers âges dans les écoles de Liége, depuis bien des années, et j'estime que le programme est parfaitement à la portée des enfants. Cependant, à l'école primaire, il n'y a habituellement que cinq ou six années d'études et le programme qu'on nous donne comme modèle compte huit années d'études. On pourrait l'introduire dans nos écoles en le modifiant un peu.

Je crois que la question soulevée par M. Mahaim se trouve traitée ici ; dans la 7e colonne il est question de la famille mondiale et on enseigne dans une autre colonne les devoirs des enfants envers les membres d'autres nations ; on leur apprend à ne pas mépriser l'étranger en leur montrant les qualités essentielles de chaque peuple. On pourrait certainement adopter le programme.

M. ROSSIGNOL. — A la colonne 6, il y a un chapitre concernant les coutumes étrangères dans notre pays.

Mme REY. — Alors nous sommes d'accord et je pense que lorsque des générations auront reçu un tel enseignement paci-fiste nous aurons un jour une société un peu plus fraternelle.

M. JACQUES-HOUSSA. — Mesdames, Messieurs, je suis pleine-ment de l'avis de M. Mahaim, quand il dit que nous devons prendre garde de nous laisser entraîner par nos sentiments, en nous préoccupant de toutes les réformes sociales qui peuvent être exigées par les gens de cœur ; je pense que ce serait aller trop loin que de voter aujourd'hui une proposition contre l'abus des sports, parce que cela nous conduirait à d'autres questions du même ordre. On pourrait traiter les questions : enfants martyrs, professions dangereuses, enfants trop jeunes pour le travail dans les ateliers, etc. ; on n'en finirait pas. Par conséquent, nous devons savoir nous borner. Cependant, on a soulevé très opportunément, à mon avis, deux questions au sujet desquelles je voudrais que l'assemblée émette un avis de blâme. C'est la question de l'alcoolisme et celle des luttes publiques entre hommes, et particulièrement de la boxe. Il me semble qu'en discutant la question de l'alcoolisme et de la boxe nous restons entièrement sur le terrain pacifiste.

M. Houzeau de Lehaie, qui préside le congrès avec tant de distinction, et qui ce matin nous parlait de boxe, nous disait si bien qu'elle lui répugnait précisément à cause de ce sentiment de force qui prime en elle et qui fait qu'on l'admire. Or, vous le savez, Mesdames, Messieurs, si quelque chose fait tort à la propagande pacifiste, c'est assurément le culte de la force. On la glorifie et on ne tient pas compte du droit. C'est cela qui fait que la lutte pacifiste est si âpre et si difficile.

Il ne faut pas qu'à l'occasion d'un spectacle pareil à celui qui a presque déshonoré une de nos fêtes nationales, nous puissions lire dans nos journaux, comme nous l'avons malheureusement lu : « bel effort d'énergie, grande leçon d'énergie » ; que l'on voie dans certains journaux des colonnes entières exalter ces coups de force ! Car si nous laissons pénétrer dans l'âme belge plus qu'il n'y est déjà le sentiment glorifiant la force, il nous faudra marcher à reculons sur le chemin de la paix. Or, nous voulons avancer. On combat la lutte entre animaux et nous voyons applaudir à la lutte entre hommes. Je ne sais si c'est l'avis de tout le monde, mais j'aurais voulu quant à moi, que l'on acclame la proposition qui a été déposée au Parlement contre la boxe.

Le second point, c'est la question de l'alcoolisme. Tous ici, nous connaissons le militarisme qui est une ruine et qui nous conduit on ne sait où ! Quant à moi, je considère l'alcoolisme comme un fléau plus grave que le militarisme même aggravé par la guerre, puisqu'il s'attaque d'une façon permanente et beaucoup plus forte à la conservation de l'espèce humaine. L'alcoolisme est un mal que nous ne pouvons assez flétrir et voilà pourquoi Mme André a pu demander qu'on rapproche la guerre de l'alcoolisme. Il est bon de le flétrir avec la plus profonde vigueur et de le rattacher à la cause du pacifisme, car lui aussi conduit à la violence.

Je ne doute pas, du reste, que M. Rossignol ne trouve un moyen de concilier ces idées.

Le Président. — Il n'est pas d'usage que le président prenne part aux discussions, mais il est de son devoir de mettre de l'ordre dans les discussions. Nous devons discuter la question du pacifisme à l'école. Je suis absolument d'avis que l'alcoolisme doit être combattu partout, à l'école comme ailleurs. Il y a long-temps, pour ma part, je crois cinquante-deux ans, que je n'ai pas touché autre chose que de l'eau ; je ne demande pas que tout le monde en fasse autant. J'ai entendu dire que la difficulté était l'éducation des parents. C'est très exact. Mais nous n'avons pas ici à faire à des parents. Je propose donc de scinder la question et si demain nous avons une proposition à faire en faveur de la lutte contre l'alcoolisme — et notez bien que cette lutte existe maintenant dans nos écoles, partout il y a des mesures orga-niques, déjà des mesures sont prises — je pense donc qu'il serait bon qu'alors on fasse une proposition distincte. Je suis de même d'avis qu'il faut absolument réprouver toutes les exhibitions brutales qu'on fait maintenant à plaisir. Je vous signalais que l'on avait été trop occupé du développement intellectuel et qu'il y a eu une réaction ; mais comme toutes les réactions elle a été trop loin. Aujourd'hui nous pouvons aussi émettre un vœu pour que dans les écoles on ne dépasse pas la mesure nécessaire au développement physique des jeunes gens et que l'on ne les pousse pas à ces sports excessifs qui sont une véritable plaie de notre société actuelle. Je suis donc de votre avis sous ce rapport. Mais je demande que ces deux choses soient examinées séparément. Évidemment, cette proposition de M. Rossignol ne comprend pas tous les détails d'un programme. Nous ne sommes pas ici en situation de faire un programme d'études et un programme d'enseignement du pacifisme. Mais nous pouvons dire aux ins-tituteurs : « Il y a lieu de diriger les esprits des enfants dans le sens du pacifisme. Déjà, dans les programmes qui vous sont pro-posés, il y a des prescriptions utiles. » Ce n'est qu'à la longue et au bout d'un certain temps que le travail s'achèvera, car il y a lieu de bien veiller à ce que les cours ne soient pas contra-dictoires, c'est-à-dire, comme je vous le disais ce matin, des cours qui détruisent complètement l'effet de l'enseignement qu'on donne.

On vient de parler de la difficulté avec les parents. J'ai été pendant longtemps échevin de l'instruction publique dans une grande ville, je n'ai jamais eu de difficultés avec les enfants, bien rarement avec les instituteurs et bien souvent avec les parents.

M. Huysmans. — Mesdames, Messieurs, je suis un des signataires de la proposition relative à la boxe et je prie l'assemblée d'accepter la proposition de M. Mahaim. Ne voyez pas dans ma proposition quelque chose de contraire à l'ordre du jour. Et j'ai la conviction que tout ce qu'à dit M. Mahaim est parfaitement exact. Nous nous réunissons aujourd'hui pour la première fois. Pour la première année nous faisons quelque chose qui ne rentre pas dans le cadre de ce congrès. En effet, on a parlé d'alcoolisme. Ce n'est pas l'objet de ce congrès. Et je ne vois pas très bien la relation qu'il y a entre le pacifisme et l'alcoolisme. Malgré les arguments qui ont été présentés, si je vois l'histoire, je constate que c'est pendant les périodes d'abstinence qu'on a fait le plus de guerres et qu'on a fait le moins de guerre pendant la période d'alcoolisme. C'est paradoxal peut-être, mais je me garderai bien de défendre la thèse opposée. D'autre part, je touve également qu'on exagère, lorsque l'on va assimiler la boxe à ces exhibitions du culte de la force. Je trouve que l'on a parfaitement raison de développer la force humaine. Ce que je réprouve, tout comme l'honorable préopinant, c'est l'exhibition de la brutalité. Mais les sports ne sont pas toujours de la brutalité. Entre la brutalité et la boxe, il y a une grande différence. Si les boxeurs veulent boxer ensemble, s'écraser le nez en aparté, qu'ils le fassent, mais ce qui est absolument révoltant, c'est l'exhibition publique dans laquelle il y a du chiqué pour la plupart du temps. Je dis donc que je suis contre les deux propositions. Je demande qu'on s'en tienne au terrain du congrès et surtout de ce premier congrès. Les gens savent réfléchir. Quelle sera leur impression en lisant dans les journaux, que ce premier congrès s'est occupé de questions qui ne le regardent pas. Je demande donc qu'on s'occupe surtout un peu plus de l'ordre du jour ; alors je trouve que la proposition de M. Rossignol fait très bien ici et rentre très bien dans le cadre de ce congrès ; c'est une question d'organisation, c'est donc une question dont nous avons le plus besoin en Belgique, dans un pays si mal organisé et si mal tenu. *(Interruptions.)*

Je trouve que dans le congrès on se raccroche trop aux idées sentimentales et qu'on se dise bien que si l'assassinat individuel est un crime, l'assassinat collectif est un crime beaucoup plus coupable encore, et j'ajoute qu'il faut également affirmer des principes, notamment le principe de l'autonomie des nationalités, que le vol national est un brigandage et ne soit pas considéré comme une justification de la politique internationale des Gouvernements.

Voilà des principes qui, je crois, peuvent être enseignés à l'école. Alors il faudrait qu'on se maintienne sur le même terrain d'idées claires et simples, que les enfants peuvent parfaitement comprendre. Il faudrait qu'on émette un vœu tendant à la réforme du programme. Mais ce que disait tantôt M. le président, concernant l'enseignement contradictoire qu'on voyait à Paris, est parfaitement vrai et cela existe encore actuellement.

J'ai une jeune fille de seize ans ; elle fréquente une école de la ville. Elle suit donc un enseignement fort bien organisé. Vous voyez que je le reconnais quand quelque chose est vrai. Eh bien, je constate cependant, que dans cette capitale, ce même mal subsiste dans l'éducation des enfants. Je constate qu'on exalte les faits de la guerre, les héros et les militaires, l'homme de la force brutale ; mais qu'on parle très peu de l'évolution des idées pacifiques. Ces divergences, nous les constatons dans un grand nombre d'écoles. C'est pour cela que j'appuie l'idée de la proposition d'une transformation complète du programme. Ce que je signale, vous le voyez dans les collèges, athénées, écoles moyennes, partout. Exemple : ouvrez l'histoire. Avez-vous des livres qui soient basés sur les idées modernes. J'en connais pour ma part très peu. Avez-vous même des professeurs qui soient pénétrés de ces idées. Je ne dis pas qu'il n'en existe pas, mais je n'exagèrerai certainement pas en disant que leur nombre est fort restreint. Et par conséquent la première mission que nous avons à remplir c'est de développer devant l'enfant des idées claires et simples telles que l'assassinat collectif est un assassinat et que le brigandage national est un brigandage. Et la deuxième proposition est la transformation complète de l'enseignement.

Si M. Rossignol voulait bien nous présenter prochainement un rapport à ce sujet, je lui en serais profondément reconnaissant. *(Applaudissements.)*

Mme ANDRÉ. — On trouve que l'alcoolisme n'a rien à faire avec le pacifisme. C'est une erreur. Je trouve que pour détruire un mal il faut commencer par combattre les causes. Tant que nous ne le ferons pas nous aurons la guerre dans nos familles et la guerre parmi tous les hommes. Messieurs, voilà mes sentiments.

M. CHOTIAU. — Nous sommes encore très loin d'une réforme générale de l'enseignement. En attendant, nous pouvons néanmoins faire un grand pas en développant l'enseignement indirect du pacifisme.

D'une manière générale l'on peut introduire notre programme dans toutes les branches de l'enseignement, mais il faut pour cela que les instituteurs aient des manuels appropriés.

Voilà un champ d'activité très vaste pour les sociétés d'éducation pacifiste.

N'oublions pas que le cours de morale est loin de suffire, que tous les jours l'enfant entend chez lui la lecture des journaux dont les nombreuses relations de faits de guerres viennent détruire l'enseignement donné.

Si, au contraire, tout l'enseignement est imprégné de pacifisme, si l'on a expliqué à l'enfant que certaines guerres ont été nécessaires pour des raisons déterminées, il comprendra beaucoup mieux et chez lui fera l'éducation des parents.

Dans les milieux populaires, l'enfant est souvent le porte-parole de nombreuses idées.

Je suis donc tout à fait d'accord avec la conclusion de M. Rossignol, mais je voudrais qu'il ajoute un paragraphe, attirant l'attention sur l'importance de l'éducation indirecte :

Il est désirable que l'enseignement général soit imprégné des idées pacifistes et que dans cet ordre d'idées les sociétés pacifistes travaillent à l'élaboration de manuels appropriés.

M. VAN LANGENDONCK. — La première conclusion en discussion a pour but d'exercer les devoirs de justice, de bonté et de loyauté. C'est cet enseignement qu'il s'agit d'introduire à l'école, mais je crois qu'il existe déjà, sous d'autres formes, dans l'enseignement de tous les degrés. Je proposerais de supprimer la première conclusion.

Dans la seconde on parle du cours de morale. Mais il ne doit pas seulement se donner dans les écoles normales, il doit également se donner dans les écoles moyennes, les collèges, les athénées, qui sont toutes des sphères dans lesquelles ces questions peuvent être propagées.

La première conclusion est d'ailleurs trop générale.

M. Rossignol. — Je répondrai d'abord quelques mots aux idées qui ont été émises par Mme André. J'admets parfaitement sa proposition d'introduire l'alcoolisme dans le cours de morale, qui n'est pas quelque chose comme un tableau *ne varietur*, mais une simple suggestion qu'on pourra adapter, non pas seulement à l'alcoolisme et l'abstinence, mais aux différentes plaies sociales, dans les écoles des grandes villes, des grands centres industriels où quelquefois règne un peu trop l'alcoolisme. Si je n'en ai pas parlé dans mon rapport, c'est parce que la chose est réglée. Il y a des dispositions organiques. Je serai heureux de faire parvenir dans quelques jours, à Mme André, quelques circulaires qui traitent dans l'enseignement de l'alcoolisme, qui est rattaché au cours d'hygiène. Je crois que vous avez toute satisfaction à ce point de vue.

Mme André. — Si j'ai demandé la parole, c'est parce que la Ligue des femmes belges contre l'abus de l'alcool a établi un concours sur l'alcoolisme dans toutes les écoles de Bruxelles. Il y a eu très peu de réponses. Et parmi les réponses il y en a eu seulement deux primées. Je dois avouer qu'en lisant les autres réponses on n'aurait franchement pas cru que ces enfants avaient jamais entendu parler de l'alcoolisme.

Des institutrices avec lesquelles j'avais causé au sujet de ce concours m'ont répondu que ce sujet était tout naturel pour les garçons, mais n'était pas nécessaire pour les filles. J'ai lu moi-même toutes les réponses; je me suis occupée beaucoup de cette chose et nous n'avons pas eu le résultat satisfaisant que nous espérions.

M. Rossignol. — Je vous engage vivement à faire une campagne, qui aurait pour but de faire respecter les dispositions ministérielles relatives à ce point.

Je répondrai ensuite à un second point de M. Jamar, qui me semble-t-il croit que éducation et instruction sont choses séparées. Ce n'est pas la conception moderne; s'il n'y a pas instruction il n'y a pas éducation. On ne sépare pas les deux choses et je dirai même qu'il n'y a pas d'instruction, d'éducation physique séparée de l'éducation intellectuelle, de l'éducation morale. Ce sont trois aspects qui ne constituent qu'une seule question.

Il y a entre le corps et l'intelligence, une véritable harmonie, de telle sorte qu'à tout instant l'instituteur doit faire de l'éducation d'une manière générale et on ne distingue pas dans le programme de l'école primaire un instant où l'on doit faire de l'éducation physique seulement, un autre de l'éducation intellectuelle seulement et un autre encore de l'éducation morale seulement. Certains exercices mêlent même les trois genres d'éducation qui forment l'éducation intégrale. L'instruction ne se sépare pas de l'éducation. Les pédagogues modernes considèrent que l'instruction ne servirait à rien si elle ne menait pas à l'éducation.

M. Jamar a parlé tantôt d'un cours théorique de morale que j'ai semblé vouloir recommander. Je ne me suis pas expliqué d'une façon suffisante, car M. Jamar est à côté de ma pensée. Il ne s'agit pas d'un cours théorique. Il s'agit de prendre l'enfant dans tous ses petits milieux sociaux, depuis 6, 8, 10, 12 ou 14 ans et dans ces milieux différents, de lui faire prendre des habitudes. Ces habitudes sont presque toujours les mêmes : habitudes de bonne volonté, de bienveillance et d'assistance. Seulement elles s'exercent dans des cercles de plus en plus élevés. C'est donc ici comme une espèce d'entraînement qui a pour objet de faire prendre à l'enfant des habitudes de bienveillance et de bonne volonté ; ce n'est pas une question de sentiments, c'est aussi une question de devoirs. C'est d'ailleurs assez instinctif d'être bienveillant. Pourquoi l'enfant aime-t-il sa mère, son père? Parce qu'il en est bien traité, parce qu'il en reçoit des soins. Pourquoi aime-t-il ses petits camarades? Parce qu'il trouve leur société agréable, parce qu'il partage leurs plaisirs, qu'il trouve que ses camarades sont gentils, et ainsi de suite. Ce n'est pas du dogmatisme, c'est une prise de possession de certaines habitudes qu'on développe chez l'enfant.

M. Huysmans a bien voulu prononcer des paroles très aimables à mon égard et a demandé à ce qu'au prochain congrès, la révision du programme de l'enseignement primaire soit mise à l'ordre du jour et que la question soit traitée dans le sens de l'éducation pénétrée de l'enseignement pacifiste. Je remercie M. Huysmans de la proposition qu'il vient de faire et j'y réfléchirai. Je tâcherai d'être digne de la confiance qu'il veut bien avoir en moi, en me faisant cette proposition.

Quant à ce que M. Chotiau a dit, je suis parfaitement d'accord avec lui. Il y a à l'école relativement au pacifisme, un enseignement indirect, une orientation dans tous les cours vers les idées de justice, de paix, de fraternité, une orientation dans tous les cours de sciences naturelles, d'histoire, de géographie, partout, dans tous les cours, vous avez l'occasion de montrer la grande solidarité qui réunit tous les hommes dans tous les domaines ; vous avez donc l'occasion d'enseigner aux enfants qu'ils ont à l'égard de tous les hommes une espèce de dette sociale, une espèce d'obligation sociale qui les portent à la reconnaissance, à la bienveillance.

M. CHOTIAU. — Il faut développer cet enseignement, qui existe, en théorie, mais n'est appliqué que par très peu d'instituteurs.

M. ROSSIGNOL. — La sanction officielle manque. Je pense qu'actuellement, tous les professeurs donnent leur cours d'histoire dans le sens des idées pacifistes. Ils glorifient surtout ceux qui ont introduit dans le pays une civilisation de paix et de bonheur. C'est dans ce sens que les cours d'histoire sont donnés dans presque toutes les écoles communales de Belgique.

M. WITTEMANS. — Il suffit d'ajouter le mot alcoolisme dans la colonne 4 du programme.

M. ROSSIGNOL. — Parfaitement, nous sommes d'accord.

LE PRÉSIDENT. — Je vais mettre aux voix la première conclusion de M. Rossignol.

I. — *Il est désirable d'introduire à l'école primaire un cours de morale qui, par des exemples pris successivement dans la famille, l'école, la cité, le pays, la grande famille humaine, montrerai comment, dans ces divers milieux, sont tracés et doivent s'exercer les devoirs de justice, de loyauté, de bonté.*

Il est évident que c'est une suggestion et que l'on en prendra ce que l'on en voudra. *(Interruptions.)*

Je n'ai pas voulu faire de remarque relativement à la conclusion de M. Rossignol. Il me semble qu'on pourrait demander que les livres dont on se sert dans les différentes écoles de Belgique soient examinés par quelques pacifistes pour voir si leur contenu n'est pas en contradiction absolue avec les sentiments ou la morale qu'on enseigne dans nos écoles. Je fais partie d'une commission qui examine beaucoup de livres pour l'enseignement primaire. Et je dois dire qu'il y en a beaucoup encore qui ont cette tendance. Cependant, ils finissent toujours par être approuvés, malgré l'opposition des pacifistes de cette commission. Je crois qu'il serait bon que quelqu'un veuille bien se charger de cette tâche ou que le Bureau veuille bien désigner quelques membres pour examiner les livres qui sont actuellement employés dans l'enseignement belge et pour voir s'ils ne sont pas en contradiction avec l'enseignement pacifiste. Je demande qu'on me les signale.

M. LA FONTAINE. — M. Chotiau propose que la conclusion de M. Rossignol soit acceptée en y ajoutant : '

Il est désirable que l'enseignement général soit imprégné des idées pacifistes et que, dans cet ordre d'idées, on travaille à l'élaboration de manuels appropriés.

Le PRÉSIDENT. — Je mets aux voix cette décision. Personne ne demandant la parole, elle est adoptée à l'unanimité.

Maintenant je mets en discussion le 2e paragraphe des conclusions de M. Rossignol.

M. ROSSIGNOL. — Je désire dire quelques mots, Monsieur le Président, relativement à ce paragraphe. J'ai dit dans mon rapport qu'il y a deux façons d'enseigner à l'école normale : l'enseignement indirect, qui se fait en tramant l'idée à travers tous les cours qui se donnent par l'enseignement indirect. Puis l'enseignement direct : on débuterait par un aperçu historique du pacifisme passant par les trois stades. Le pacifisme a été d'abord un sentiment très vague, très imprécis. Il est devenu une doctrine et ce, du jour où les juristes du droit international, les économistes, les sociologues se sont emparés de la question. C'est vous dire que le pacifisme est devenu une véritable science. Il y a là un véritable enseignement à donner ; faire l'exposé et l'aperçu historique montrant les trois stades par lesquels il a passé.

Notez que la plupart de ces problèmes nous sont indiqués dans les cours d'histoire. Nous faisons la guerre à la guerre, nous ne pouvons pas supprimer la guerre de l'enseignement ; mais à la suite de chaque guerre, il y a toujours un enseignement qui se rapporte à la doctrine pacifiste et ainsi à propos des récentes guerres, d'abord de Tripolitaine et ensuite des Balkans, il y a une question qui se pose, n'est-ce pas, à laquelle on n'avait peut-être pas assez songé. C'est celle de la fermeture et de la neutralisation des détroits et des canaux maritimes.

Pendant la guerre de Tripolitaine, la Turquie craignant un siège de Constantinople par la flotte italienne, avait bloqué, fait fermer ses détroits. Les navires bulgares, roumains et russes, en chargement de grains, ont par ce fait été immobilisés dans leur port d'embarquement. C'est pourquoi dans toutes les bourses il s'est produit une si grande hausse du prix du blé. Voilà un des côtés mauvais de la guerre. Les nations qui ne sont pas en guerre doivent-elles souffrir de cet état de choses? Est-il permis à un belligérant de fermer des détroits et d'affamer les hommes ? La question prendra une importance plus grande encore par le fait des intentions — qui ne sont pas encore réalisées, — des États-Unis relativement au canal de Panama.

Il y a à entretenir les élèves instituteurs de l'exposé des problèmes dont le pacifisme s'occupe. Enfin, il y aurait la connaissance des œuvres et des organismes pacifiques. Cela consoliderait l'enseignement en donnant une idée de l'activité des pacifistes, des sentiments de solidarité et de fraternité qui les inspirent. Ici ce n'est pas en définitive quelque chose de nouveau que nous demandons qu'on introduise dans le programme des écoles normales. On passe beaucoup trop de temps dans nos écoles normales à l'étude d'histoire ancienne et pas assez à l'étude d'histoire moderne. Il n'est pas permis, à des élèves normaliens, de ne pas connaître ce que c'est que la question chinoise, japonaise ou d'Orient, qui est maintenant une question bien vivante. Je pense qu'il n'est pas permis à un instituteur de ne rien connaître de l'évolution historique de cette idée pacifique, des problèmes du pacifisme, des créations, des organismes créés par le pacifisme.

Je propose donc qu'à l'école normale le cours de morale donné aux élèves instituteurs et institutrices comporte un exposé du pacifisme, comprenant notamment un aperçu historique du pacifisme, un exposé des grandes questions, l'étude des œuvres et des organismes déjà existants.

II. — A l'école normale, le cours de morale donné aux élèves instituteurs et aux élèves institutrices comportera un exposé du pacifisme comprenant notamment : un aperçu historique, un exposé des grandes questions, l'étude des œuvres et des organismes déjà existants.

6

Le Président. — Quelqu'un demande-t-il la parole?

M. Van Gele. — Je crois qu'il faudrait aussi se préoccuper de la méthodologie du pacifisme. M. Rossignol vient d'exposer un très joli programme de l'histoire du pacifisme, mais il faudrait mettre aux mains des élèves instituteurs de la besogne tout à fait mâchée. Car n'oubliez pas que l'élève instituteur doit apprendre 15 ou 16 branches à l'école normale et comme il a déjà beaucoup trop de besogne, il ne trouve pas toujours le temps de faire du pacifisme. Eh bien, que ceux qui se sont occupés de la question réunissent leurs efforts et envoient au Bureau ce qu'ils ont fait. Le Bureau examinera ce qu'on peut en faire.

Ainsi, nous avons donné à l'école une conférence, il y a une quinzaine de jours, c'est-à-dire la veille du 18 mai. Nous avons montré ce qu'à coûté la guerre des Balkans ainsi que ses conséquences économiques. Mais cela n'a pas duré plus de vingt minutes. Après cette conférence, avec projections lumineuses pour faire pénétrer les idées, car il faut connaître le goût des enfants pour les images, nous avons montré l'histoire de l'habitation préhistorique jusqu'à nos jours. Nous avons ensuite montré et fait la comparaison entre une ferme irlandaise et les fermes de différents pays du continent. La conclusion a été celle-ci : c'est que les paysans de tous les pays d'Europe sont aussi mal logés que les Irlandais. Mais alors que les Gouvernements trouvent 50,000,000 de francs pour faire un navire cuirassé, on ne trouverait pas 50,000,000 de francs pour faire des habitations pour tous ces braves gens.

On leur fournirait de la besogne toute faite, et qui les empêcherait alors, avec un peu de bonne volonté, de faire du pacifisme pratique?

J'appelle cela la méthodologie du pacifisme. Il y a peut-être beaucoup de matières qui prêtent à cet enseignement et aussi beaucoup d'occasions. Ainsi, incidemment quand je remplace un collègue, quand je dois donner une leçon qu'il ne peut pas donner, je leur parle (aux élèves), de sujets, tels que celui que j'ai développé il y a quelque temps, c'est-à-dire le développement du port d'Anvers de 1830 à 1880. Voilà des choses prises dans la nation, que l'enfant voit et comprend par des diagrammes. Et je crois que c'est un enseignement du pacifisme ainsi compris, que l'enfant saisira le mieux.

M. La Fontaine. — Suivons l'exemple qui est donné aujourd'hui aux États-Unis d'Amérique, par une société dont parlait précisément tantôt M. Rossignol. Elle publie chaque année, à la veille du 18 mai, une brochure dans laquelle sont données des notions pratiques sur les derniers événements, de façon à ce que les instituteurs aient en main un travail qui leur permette d'en parler en connaissance de cause et de montrer en quoi ils se rattachent à l'idée générale du pacifisme. Il est certain qu'il serait très utile d'en agir de même en Belgique. Il y a peut-être moyen, pour le Comité, après que le Congrès se sera dissous, de s'entendre avec nos amis de France pour publier une brochure de ce genre, dans laquelle seraient repris les événements récents pour les mettre à la portée des enfants.

Mme Rey. — En effet, c'est un grand travail pour les instituteurs de se mettre au courant de toutes ces questions et je crois qu'on pourrait proposer la création d'une bibliothèque circulante pour le pacifisme, tout comme il en existe une pour l'antialcoolisme dans la province de Liége. Ne pourrait-on l'organiser à Bruxelles, et prêter les volumes aux instituteurs qui en feraient la demande. Je crois qu'elle aiderait beaucoup les professeurs en leur permettant de préparer les leçons, les devoirs et les dictées à ce sujet.

M. Rossignol. — Je vous répondrai, Madame, qu'il existe à Bruxelles, à l'Institut International de Bibliographie, 3bis, rue de la Régence, une bibliothèque générale de la Fédération des Instituteurs Belges. Cette bibliothèque contient un compartiment « pacifisme » qui est déjà assez important. Seulement, pour que ce compartiment puisse faire un service comme vous le demandez, il faudrait des ouvrages non en triple mais bien en 10 ou 20 exemplaires. Les instituteurs pourraient trouver là tout ce qui est de nature à les documenter, soit au point de vue thèse, soit au point de vue sentiment, soit au point de vue organisation. La transmission des volumes est excessivement facile, attendu que des volumes expédiés sous une enveloppe à firme de l'Institut International jouissent de la franchise de port et qu'ils jouissent également de la franchise de port pour le retour, quand ils sont mis dans la même enveloppe ; c'est donc un organisme avec lequel les instituteurs et institutrices feraient bien de faire connaissance et je me ferai un plaisir d'envoyer le plus d'ouvrages sur la doctrine pacifiste au fur et à mesure qu'on me les demandera. Je pense que cela pourra vous satisfaire. Du reste, je compte publier une bibliographie pacifiste à l'usage des instituteurs.

M. Van Gele. — Les instituteurs qui ne gagnent que 100 francs par mois ne pourraient pas se payer des ouvrages relatifs à toutes les questions d'éducation. Il vaudrait beaucoup mieux les documenter directement.

Le Président. — Ce sont là d'excellentes suggestions, mais je vous ferai observer que nous ne sommes pas encore constitués. Si vous voulez bien, demain, nommer un Bureau permanent comme nous vous le proposons, nous recevrons alors avec le plus grand plaisir toutes les suggestions d'organisation et maintenant que nous ne serons plus isolés et que nous serons groupés tous dans un organisme unique, nous pourrons mieux donner satisfaction, sur bien des points, que nous ne pouvons le faire aujourd'hui. *(Applaudissements.)* Mais tout cela ne se fait pas sans argent, sans travail. Nous voulons bien travailler, il faut encore que nous sachions exactement pourquoi et comment. Dès que nous serons constitués, je vous promets, si je fais encore partie du Bureau, d'insister auprès de mes collègues pour qu'on étudie la proposition de M. Huysmans, pour qu'on fasse de l'organisation sociale. Cela nous a manqué jusqu'à présent. Et grâce à la bonne volonté de tous, notre idéal pourra être atteint. *(Applaudissements.)*

Il me reste à mettre aux voix le second paragraphe des conclusions de M. Rossignol. Je crois qu'il n'y a pas d'opposition ; je déclare ce second paragraphe adopté.

M. Winnens. — C'est dans le rapport que j'ai déposé au nom de la Fédération Générale des Instituteurs Belges que j'ai brièvement développé ce que la Fédération Belge et partant l'École communale, a fait en Belgique pour orienter l'Enseignement et les directions éducatives vers les idées de paix et de fraternité internationales.

Si vous vous donnez la peine de lire mon petit travail, vous constaterez que la Fédération Belge et les différents organismes qui la composent, les sections provinciales, communales et cantonales, les instituteurs mêmes se sont occupés de pacifisme. Je n'ai pas cru devoir proposer de conclusions dans ce rapport, mais si l'assemblée le permet, je désire déposer un ordre du jour que je lui demanderai de bien vouloir voter. En voici le texte :

A fin de permettre aux institutrices et aux instituteurs communaux de pouvoir se consacrer en paix à leur labeur pour développer et inculquer à leurs élèves les idées de pacifisme et de fraternité internationales, comme ils l'ont toujours fait, le premier Congrès National de la Paix émet le vœu que les autorités soutiennent et défendent les membres du personnel enseignant primaire officiel, qui font leur devoir, au lieu de les poursuivre, de les décourager, de les tracasser et d'entraver leurs efforts. (Protestations.)

LE PRÉSIDENT. — Je pense, Mesdames et Messieurs, que la question soulevée sort absolument de la compétence de l'assemblée d'aujourd'hui. Nous devons nous tenir absolument en dehors des luttes politiques qui existent en Belgique, et par conséquent, tout en ayant chacun nos aspirations, chacun nos sympathies pour les uns ou pour les autres, nous ne devons pas les manifester d'une manière officielle dans la réunion d'aujourd'hui. Je vous propose donc de passer à l'ordre du jour sur la question qui nous est posée. *(Adhésion.)*

Je crois que nous remettrons à demain les autres questions qui sont à l'ordre du jour ; il est 5 h. 10. Je vous propose de lever immédiatement la séance. Nous nous réunirons demain à 10 heures.

Séance du lundi 9 juin, à 10 heures

III. — LE RESPECT DES FRONTIÈRES NEUTRES

LE PRÉSIDENT. — Hier, nous avons dû intervertir l'ordre du jour. Aujourd'hui, il nous reste deux rapports pour la séance de ce matin. Tout d'abord le respect des frontières neutres. La parole est à M. De Visscher qui veut bien donner un aperçu de son rapport.

M. DE VISSCHER résume son rapport reproduit d'autre part, et dont voici les conclusions :

I. — *Fondé sur le droit de souveraineté des Etats pacifiques, le principe de l'inviolabilité du territoire des Puissances neutres impose aux Puissances belligérantes une obligation absolue. Il s'ensuit que la responsabilité d'une violation d'un territoire neutre retombe tout entière sur la Puissance envahissante.*

II. — *Le principe de l'inviolabilité des territoires neutres constitue une loi de la guerre. A ce titre, il oblige non seulement les gouvernements des Puissances belligérantes, mais les chefs responsables de leurs armées. La violation de cette loi donne ouverture au droit de représailles.*

III. — *Les Puissances souveraines restées fidèles à l'attitude d'abstention impartiale, base de la neutralité, n'encourent en cas de violation de leur territoire, aucune responsabilité internationale, soit à raison de l'organisation militaire qu'elles ont jugé bon d'adopter, soit à raison de la résistance effective qu'elles ont opposée aux envahisseurs.*

IV. — *La Belgique jouit de tous les droits reconnus par la Conférence de la Paix de 1907, aux Puissances neutres. Le carac-*

tère permanent de sa neutralité et la garantie que les Puissances,
par une juste compensation, ont attachée à ses droits, ne mettent
aucun obstacle à l'application intégrale du droit commun de la
neutralité à la Belgique.

LE PRÉSIDENT. — Quelqu'un demande-t-il la parole?

M. SARTON. — Après les brillantes conférences entendues hier, par l'abbé Richardson d'un côté, M. Le Foyer de l'autre, je crois que ma tâche sera bien simple et bien facile. Je tiens à répondre au rapport de l'honorable rapporteur, du Respect des frontières neutres. Il rappelle en tête de son travail, la définition exacte de M. Cauchy : « La neutralité c'est la paix constituée en face de la guerre. »

Dans son intéressante étude sur le droit fondamental des États neutres, le droit au respect de l'inviolabilité du territoire, il constate que ce droit ne réside pas seulement dans les traités, mais aussi dans les obligations que les États assument pour jouir des avantages de la neutralité.

La nation qui veut être et rester perpétuellement neutre, telle la Belgique de par le traité de 1839, garanti par les cinq Puissances, a pris devant celles-ci l'engagement formel d'observer une stricte et impartiale abstention dans les conflits européens. Les Puissances garantes ont non seulement le devoir de respecter l'inviolabilité de nos frontières, mais de la défendre contre quiconque tenterait d'y porter atteinte. Cette obligation de garantie et la contre-partie de neutralité permanente ont été consacrées par la Conférence de La Haye de 1907. Si la neutralité belge est garantie, les Puissances ont formellement reconnu aux Belges le droit de se défendre contre l'invasion, droit hautement revendiqué par le Congrès National, au cours de la discussion du Traité des XVIII articles.

Aussi, ne pouvons-nous partager l'opinion de M. le Rapporteur, qui se rallie pleinement aux paroles prononcées par M. Renault à la Conférence de La Haye : « La seule obligation qu'un État neutre doive remplir, est d'accorder le même traitement aux deux belligérants ; il n'y a dans la neutralité d'autre mesure de responsabilité que la violation du devoir d'impartialité ; » ainsi qu'aux conclusions de M. Ottolenghi, publiées en 1909, dans une revue italienne de droit international : « L'État neutre ne peut être rendu responsable s'il ne s'est point, dans la sphère des moyens dont il dispose, opposé d'une façon énergique et effective à l'action des belligérants. »

Les Belges avons-nous vu, ont le droit et le devoir de se défendre, de faire respecter l'inviolabilité de leurs frontières pour constituer la Paix en face de la Guerre et arrêter ainsi le nouveau tour donné à la vis sans fin des armements européens. A côté des principes de droit international, il est sage d'examiner les faits établis par des instruments diplomatiques que nous avons pu consulter, grâce à l'obligeance de M. le baron Lambermont et de M. Émile Banning. Les déclarations que nous avons publiées en 1885, ont été confirmées devant deux commissions officielles par les deux derniers ministres des Affaires étrangères de Belgique, M. le baron de Favereau et M. Davignon.

Nous basant sur les obligations des neutres, nous avons préparé un projet d'organisation défensive de la Belgique, par le service militaire général et le recrutement régional et il se fait qu'à la même époque, au premier Congrès de la Paix à Berne, M. Frédrix Bajer proposa également la création d'États-Tampons, fortement constitués pour leur défense, les derniers en armes, pour arrêter les chocs et les heurts d'assaillants toujours armés jusqu'aux dents. Plus tard, le pacifiste Gaston Moch soutint la même thèse que les neutres doivent assurer l'inviolabilité de leur territoire, dans l'intérêt même des puissances garantes de la neutralité.

Si nos frontières étaient suffisamment protégées, Français et Allemands économiseraient chacun deux corps d'armée pour les surveiller. Pas n'est besoin pour la Belgique d'avoir une armée calquée sur l'organisation des Puissances militaires qui nous enserrent comme dans un étau, mais, au moment de l'invasion, elle doit disposer de toutes ses forces, de toutes ses ressources pour assurer l'intégrité du territoire. En agissant ainsi, elle sert la cause de la Paix en rendant la guerre d'invasion impossible ; car personne ne niera que les Puissances tiennent essentiellement à ce que la défense de la Belgique soit sérieusement et efficacement organisée ; à plusieurs reprises, elles ont exprimé formellement leurs désirs, n'insistons pas.

Nous ne devons pas reformer la barrière de 1815 contre la France, mais avec la Hollande, le Grand Duché du Luxembourg, la Suisse et si possible le Reichsland, constituer une zone neutre infranchissable aux fortes armées françaises et allemandes, semblable à la zone greco-bulgare établie entre les deux armées actuellement en conflit. Les neutres en Europe ont un grand rôle à remplir ; ils seront les facteurs de la Paix et s'ils sont solidement organisés, ils seront capables d'arrêter au moins la fièvre des armements ruinant tous les pays.

L'inviolabilité du territoire est pour nous un droit absolu, inconditionnel, dit le rapporteur ; il a raison au point de vue juridique, mais il termine en rappelant que les principes qu'il a énoncés ont subi assez d'atteintes pour nous garder de toute illusion sur leur puissance de réalisation. Soyons pratiques !

Par une sérieuse organisation défensive, les États pacifiques peuvent rendre hardie, téméraire et dangereuse toute violation de leur territoire par une Puissance envahissante ; ils préparent ainsi le terrain en vue de la constitution rêvée des États-Unis d'Europe. Aux Belges à donner l'exemple ; ils sont les plus exposés, ils doivent savoir le mieux se défendre pour rester dignes du respect des Nations, pour servir la cause de la Paix, à laquelle ils doivent leur prospérité, leurs libertés. C'est avec joie que nous donnons l'avis d'un prêtre, l'abbé Richardson, déclarant au Congrès que les neutres doivent mettre la force, toute leur énergie au service de la Justice.

Je me rallie entièrement aux conclusions du rapporteur et pour exprimer plus nettement le rôle de la Belgique, qu'il soit ajouté au 4°, à la suite du mot Belgique, les mots : *autorisée à assurer l'inviolabilité de ses frontières.*

Une fois pour toute qu'on en finisse, que nous marchions en partant d'une base sérieuse. Les Belges ont un grand devoir à remplir ; ils doivent organiser sérieusement leur défense. Cela résulte des textes, des traités et de la situation actuelle. J'ai dit.

M. DE VISSCHER. — La première observation est sans aucune importance. M. Sarton nous a dit que les Belges avaient un rôle international à remplir en constituant une armée très solide ; c'est en somme une thèse de la paix armée et je pense que les pacifistes ne partageront pas tout à fait son avis. *(Interruptions.)*

Je crois qu'il faut distinguer entre le devoir international et ce qui peut être de l'intérêt de la Belgique. Cet intérêt est très grand. Mais je ne crois pas qu'on puisse nous imposer d'avoir une armée forte. C'est la question de droit que je pose. *(Interruptions.)*

Les puissances ne peuvent pas nous imposer d'avoir une armée puissante. Je réserve maintenant la question de l'intérêt de la Belgique. On ne doit tenir compte que de ses intérêts et de ses désirs. Je me suis placé au point de vue exclusivement juridique.

M. LA FONTAINE. — Je partage intégralement la thèse de M. De Visscher. Je pense également que nous devons affirmer d'une façon très nette et très précise, que les garanties de notre neutralité, que les puissances nous ont assurées par le traité de 1839, ne les autorisent pas à intervenir dans nos affaires intérieures. Notre souveraineté, à tous points de vue, défense extérieure ou organisation intérieure, est absolue ; je pense qu'il appartient à ce congrès de la paix d'affirmer cette souveraineté. En effet, la tendance existe malheureusement, dans l'esprit des diplomates représentant les grandes puissances, de vouloir morigéner et diriger les petites puissances. Lors de la Conférence de la Paix, en 1907, cette tendance a été très marquée, sinon dans les résolutions, du moins dans les discussions et encore plus dans les conversations. Vous vous rappelez peut-être que le représentant du Brésil notamment, a prononcé un discours excessivement catégorique et ferme pour revendiquer le droit des petites puissances à leur souveraineté. Il ne faut pas que la Belgique, toute petite qu'elle soit, se trouve mise en quelque sorte en tutelle à quelque point de vue que ce soit, et notamment au point de vue de son organisation militaire.

Elle doit pouvoir faire ce qui lui plaît de faire dans son intérêt. comme l'a dit M. De Visscher. C'est là le côté intéressant de la question examinée actuellement. Nous avons eu soin, et le Comité préparatoire a insisté à cet égard, d'écarter la question militaire proprement dite. Nous avons pensé que c'était une question technique qui devait être discutée ailleurs qu'ici, au Parlement et par des militaires. Nous n'avons pas la compétence comme pacifistes de formuler une opinion.

Nous n'avons à examiner que le point de vue juridique et nous devons remercier M. De Visscher de son travail et adopter les résolutions qu'il nous propose.

Je fais pourtant une réserve quant à la seconde proposition. M. De Visscher qui « du fait que notre neutralité a été reconnue par les puissances et qu'elle a été garantie par elles », tire cette conséquence logique que les grandes puissances, loin d'avoir le droit de nous attaquer, devraient au contraire nous défendre si notre neutralité était menacée, et cela précisément à raison de la garantie assurée. Mais si, par hasard, cette garantie n'était pas observée, si l'une des puissances qui nous ont garanti notre neutralité se permettait d'envahir notre territoire, M. De Visscher va jusqu'à rendre responsable de cette violation le chef de l'armée envahissante ; d'après lui, ce chef devrait donc désobéir aux ordres qui lui seraient donnés par son Gouvernement. Je pense que c'est aller un peu loin. Il semble difficile d'admettre que l'on puisse ainsi conseiller la désobéissance et l'indiscipline au chef d'une armée d'un autre pays. Je ne crois pas que nous aurions le droit, dans ce cas, d'user contre cet homme et contre son armée, contre les soldats et leur chef, des mesures de représailles que M. De Visscher indiquait tout à l'heure, comme la mise à prix de la tête du général en chef ou des autres dirigeants de l'armée ennemie. Je pense que l'on n'aurait d'autres droits que ceux applicables au cas d'une guerre régulière, dans le sens juridique du mot. Ce serait un acte de violence, nous objectera-t-on ; une telle guerre n'a pas le caractère d'une guerre normale, elle serait un véritable acte de brigandage et, dans un tel cas on doit pouvoir employer pour la repousser des moyens plus énergiques que ceux qui sont employés habituellement dans la guerre. Mais je ne pense pas qu'on puisse aller jusqu'à rendre responsables des gens qui, par leur métier, sont obligés d'obéir et j'estime qu'il y a lieu de modifier quelque peu la proposition de M. De Visscher, pour que cette résolution n'ait pas la portée absolue qu'il lui a donnée.

Le Président. — Quelqu'un demande-t-il la parole?

M. De Visscher. — Je répondrai à M. La Fontaine, que je crois que tout le monde reconnaîtra que dans le cas où un gouvernement donnerait à un général l'ordre d'employer des balles dum-dum, le devoir de ce général serait de se refuser à poser un pareil acte et si, dans ce cas, vous reconnaissez qu'il y a une violation du droit de la guerre qui oblige un général à se refuser à obéir aux ordres de son gouvernement, la situation sera la même dans le cas de légitime défense. Il serait difficile d'échapper à cette conclusion.

Le Président. — Quelqu'un demande-t-il la parole? Nous

nous trouvons donc en présence de quatre résolutions. Je vais mettre aux voix la première résolution. *(Adoptée.)*

C'est à la deuxième résolution que se rattache l'observation de M. La Fontaine. *(Interruptions.)*

Y a-t-il lieu de modifier le texte ou les explications qui ont été données suffisent-elles pour l'interprétation de cet article. *(Interruptions.)*

M. LA FONTAINE. — Le fait que notre neutralité est armée prouve que nous pouvons être attaqués. Nous nous trouverons dans un tel cas en état de légitime défense, c'est-à-dire que la guerre que nous ferons sera légitime. Mais le fait de se trouver en état de légitime défense n'implique nullement le recours à des procédés réprouvés par le Droit des gens. On y aura peut-être recours, mais il semble impossible de le proclamer dans une résolution réfléchie.

Mme ANDRÉ. — S'il s'agit de couper éventuellement la tête à ceux qui viendraient nous envahir, je ne puis voter cet article. Je ne pense pas que cela soit bien, que l'on puisse aller jusque-là. En tous les cas, c'est tellement peu pacifiste, qu'il faut qu'on modifie la proposition s'il elle peut avoir un tel sens. On ne peut avoir le droit de vie ou de mort sur ceux qui assument la direction d'une armée, car, ainsi qu'on l'a dit, ils doivent obéir. *(Interruptions.)*

M. DE VISSCHER. — On pourrait modifier la deuxième résolution et dire : *A ce titre, il oblige non seulement le gouvernement des Puissances belligérantes, mais les chefs responsables de leurs armées qui violeraient la neutralité de leur propre initiative, etc.*

(Adhésion.)

LE PRÉSIDENT. — Je déclare donc adopté le paragraphe second, qui donne plus de clarté au texte. Nous passons au paragraphe 3. *(Adopté.)*

Passons au paragraphe 4. M. Sarton propose d'ajouter, après le mot Belgique : *autorisée à assurer l'inviolabilité de ses frontières.* Je me permettrai de faire à M. Sarton une légère observation. Je n'aime pas le mot *autorisée,* je lui préfère *qui a le droit d'assurer.* (M. Sarton approuve.)

Je désire simplement plus de précision. On ajoutera donc : *qui a le droit d'assurer l'inviolabilité de ses frontières.* Je propose l'adoption du paragraphe 4 sous cette forme. *(Adopté à l'unanimité.)*

Nous remercions M. le Rapporteur du travail excellent qu'il a bien voulu nous faire. *(Approbation.)*

IV. — LE RÔLE DE LA PRESSE DEVANT LA GUERRE ET LA PAIX

Le Président. — La parole est à Monsieur Jourdain.

M. Jourdain résume son rapport reproduit d'autre part.

M. Chotiau. — Nous avons écouté le remarquable rapport de M. Jourdain avec beaucoup d'attention, mais non sans une certaine déception. Nous avions pensé qu'ayant la chance d'avoir parmi nous un directeur de journal, il nous indiquerait des mesures pratiques d'action pacifiste. Nous sommes d'accord au sujet des principes. Partout nous entendons des journalistes prôner nos idées, mais leurs journaux sont remplis de communiqués d'agences : Havas, Reuter, etc., relatant des faits de guerre les plus divers.

Un directeur de journal nous paraît tout désigné pour indiquer les meilleurs moyens à employer à l'effet d'obtenir l'insertion d'autres communiqués en faveur de la paix.

J'estime que, si nous avions trouvé aujourd'hui une solution pratique, nous aurions fait un grand pas en avant. Il est certain que tous les journaux représentés ici publieront demain des articles relatant les travaux du congrès, mais à côté de cela, ils rempliront la majeure partie des colonnes de leurs journaux de communiqués relatifs aux guerres. *(Applaudissements.)*

M. De Vadder. — Mesdames, Messieurs, ce serait un grand succès si le vœu de l'honorable préopinant se réalisait dans quelques mois. Mais si je vous disais que ce vœu est déjà réalisé, nous ne pourrions en être que plus satisfaits. Or, l'opinion publique, sous le rapport du pacifisme est travaillée d'un façon pratique actuellement, par une campagne de presse menée très activement. Dans le journal de M. Jourdain, et à intervalles rapprochés, vous voyez des articles indiquer tout ce qu'il est possible d'envisager actuellement dans le sens de la constitution de l'Europe en États-Unis, idée que M. Beernaert, à la suite d'un chancelier de l'empire d'Allemagne, considérait comme réalisable dans un certain temps. Voilà pour l'action par la presse. Voici pour l'action politique parlementaire. Parcourant les

Annales Parlementaires, je vois qu'à l'ordre du jour de la séance du Sénat de mardi, se trouve une interpellation de notre secrétaire général M. La Fontaine, demandant au Gouvernement, peut-être pour la première fois depuis 1831, quelle est la politique internationale de la Belgique en matière pacifiste.

Voyez le chemin parcouru depuis les premières conférences de La Haye, 1899-1907 au point de vue de l'arbitrage ; continuons à travailler dans ce sens, restons unis comme nous le sommes actuellement, et je suis convaincu que pour 1915, date de la prochaine réunion de la Conférence de La Haye, nous serons étonnés des résultats pratiques obtenus.

Le Président. — Quelqu'un demande-t-il la parole?

M. Sarton. — Les deux orateurs qui ont succédé à M. Jourdain ont émis des idées que je croyais exprimer ici, concernant la question. On a donné des résolutions d'une façon très imprécise et je crois bon de condenser, dans une résolution, le rôle de la presse devant la guerre et la paix en prenant comme base le rôle de la presse belge. La voici :

La presse d'un pays neutre a pour premier devoir d'observer une stricte et impartiale réserve dans l'examen des conflits européens ; elle ne peut soutenir des campagnes en faveur des armements, exciter des haines de classes, de races, entretenir un chauvinisme haineux qui est du faux patriotisme ; mais bien de rechercher les causes de la guerre, en réduire les conséquences fâcheuses. Si elle veut être pacifiste et remplir cette noble fonction :

I. — Dans les revues, elles peut développer les règles du pacifisme, les droits et les devoirs des belligérants sur terre et sur mer, demander qu'il y ait plus de franchise, de loyauté, de publicité donnée aux relations et traités entre Etats, combattre les fonds des reptiles, les campagnes payées par des financiers sans scrupules ou des vampires vivant de l'industrie de la guerre.

II. — La presse quotidienne ne peut alarmer le public, car l'information exacte évite préjudices et conflits, comme une documentation précise est une source de prospérité économique.

III. — La presse quotidienne et périodique doivent travailler au progrès, au rapprochement des peuples par la Vérité, la Justice et le désarmement des esprits. (Applaudissements.)

R. P. Rutten. — Je me permets d'ajouter une proposition

pratique à celles qui ont été présentées. Une idée m'est venue lorsque j'ai vu l'harmonie qui règne ici. Nous sommes ici sans distinction d'opinion et sans préférence en ce qui concerne notre but ; dans la lutte pour la paix, nous sommes absolument d'accord. Il faudrait obtenir ce résultat-ci, c'est que l'opinion publique soit éclairée dans le même sens, par des communiqués qui émaneraient du Comité permanent des Sociétés belges d'Arbitrage et de Paix, et qui seraient rédigés de façon à pouvoir être publiés, qui seraient envoyés et insérés dans tous les journaux. Ainsi ces notes seraient rédigées par des gens compétents de façon à ce qu'elles puissent être insérées dans les journaux de tous les partis et de toutes les opinions.

M. SARTON. — Je comptais présenter cette motion dans la séance de cet après-midi.

M. JACQUES-HOUSSA. — Un mot encore, Monsieur le Président, pour appuyer ce que vient de dire le R. P. Rutten. Je crois, en effet, que son idée serait infiniment pratique, car je vous dirai que bien des journalistes ne connaissent pas le premier mot de l'idéal pacifiste. Ce matin encore, il y a un quotidien bruxellois, qui nous appelle des utopistes cherchant la formule du bonheur universel. Voilà ce qu'un quotidien a dit ce matin. C'est même tout ce qu'il a dit de notre congrès. Eh bien, c'est beau ! Il faut le leur apprendre et je pense que l'idée du R. P. Rutten est excellente, c'est la première chose à faire, c'est de leur donner des petits morceaux afin qu'ils apprennent à faire connaître l'idéal pacifiste dans le public et qu'ils ne nous traitent plus d'idéologues et de fous.

M. MARINUS. — J'estime qu'il n'est pas du tout désagréable de se voir traiter de chercheur de formules destinées à donner le bonheur au genre humain. Nous devons nous en réjouir. Seulement les notes de la plupart des journaux sont de nature à nous ridiculiser et si je suis persuadé que les journaux publieront les notes que le Comité leur fera parvenir, je le suis aussi que beaucoup d'entre eux les entoureront de commentaires tendant à nous ridiculiser. Il y a dans la presse socialiste, d'une part, et dans la presse bourgeoise d'autre part, deux idées préconçues, deux idées que nous devons combattre très énergiquement. Dans la presse socialiste on s'imagine qu'il n'y a que par l'organisation et par la volonté ouvrières qu'on parviendra à établir un régime de paix entre les nations. Je suis loin de contester cette influence. Je suis persuadé que les organismes socialistes, économiques et politiques, jouent un rôle très considérable en faveur du maintien de la paix entre les nations. Seulement, en général, dans le parti socialiste, on ne voit pas que la paix ne sera solidement établie que lorsque l'on aura organisé la juridiction internationale, lorsqu'un tribunal, auquel toutes les nations se soumettront volontairement, fonctionnera régulièrement. L'état de lutte a toujours existé jusqu'à présent entre les nations, et nous commençons seulement à savoir diriger nos efforts vers ce mode nouveau de solutionner les conflits internationaux. L'élaboration d'un droit nouveau ne se fait que très lentement. Ce n'est pas en un jour que les nations sont parvenues à rédiger un code leur permettant de solutionner les conflits entre individus. Je voudrais qu'on s'abstienne donc de ridiculiser, dans la presse socialiste, les pacifistes qui recherchent les moyens pratiques d'établir cette juridiction et de familiariser les peuples avec cette évolution. On devrait, dans la presse socialiste, marcher d'accord avec nous, s'unir à nous pour lutter plus énergiquement encore qu'on ne le fait.

Dans la presse bourgeoise, d'autre part, on nous considère comme des rêveurs, des utopistes. Beaucoup même nous confondent avec des antipatriotes et des antimilitaristes et, pour réagir contre cette tendance, je voudrais que le Comité d'organisation publie des articles de presse, s'adressant à un public en général plus éclairé, qu'on lui communique des idées, des articles documentés sur l'organisation internationale.

Je voudrais que dans ce domaine de la propagande on ait un contact permanent avec tous les journaux et non pas à l'occasion de difficultés qui surviennent momentanément entre États. Dans ce cas le contact est évidemment nécessaire, mais même en dehors de ces situations menaçantes, je voudrais qu'on communique dans les journaux des documents au sujet de l'organisation internationale telle qu'elle existe actuellement. *(Applaudissements.)*

M. Lemmens. — Puisque nous voici entrés sur le terrain de la propagande, je suis un peu étonné de ne pas trouver dans une résolution, quelque chose de plus général. On a parlé de la propagande à faire à l'école ; il ne m'appartient pas de la mettre en doute. On parle aujourd'hui de la presse. La presse et l'école sont deux grands moyens modernes de propagande. Mais je crois que le congrès ferait bien de ne pas s'arrêter à ces deux moyens de propagande seulement.

Je m'occupe depuis quelque vingt ans de propagande et je sais que si nous devions compter uniquement sur l'école et la presse nous n'irions pas très loin. Principalement, il y a un enseignement qui précède, qui est même en quelque sorte impérissable, c'est l'enseignement de la mère. Et si nous pouvions voter un vœu qui ne s'adresse pas seulement aux écoles et à la presse, mais un vœu de propagande générale qui s'adresserait particulièrement à l'éducation par la mère — ce n'est pas moi qui ai inventé le mot, on a dit que l'homme est formé sur les genoux de sa mère, — en fait de pacifisme, je crois que le congrès ferait une bonne œuvre.

Je suis pris un peu au dépourvu, je n'ai pas préparé le texte d'un vœu, mais il me semble que si nous préconisions ce que je viens de dire, nous hâterions encore l'évolution du pacifisme. *(Applaudissements et interruptions.)*

Mme REY. — Je suis absolument de l'avis de M. Marinus. Les communiqués qu'on pourrait envoyer aux journaux seront certainement publiés. Mais cela ne suffit pas. Car les journaux publient constamment des nouvelles de guerre, mais on publie trop rarement les nouvelles des assemblées pacifistes et des événements qui rapprochent les peuples. Ils ont une tendance à passer ces nouvelles sous silence.

Il y a eu dernièrement, en Suisse, une assemblée qui avait une très grande importance et qui avait pour but de rapprocher la France et l'Allemagne et je pense que les journaux d'ici — ceux de Liége que j'ai lus l'ont fait du moins, — l'ont généralement passée sous silence.

Nous avons des pacifistes chez nous, mais ils ne sont pas tenus au courant de ce qui se passe dans le monde, d'intéressant pour nos idées. Peut-être les journaux pourraient-ils, de temps en temps, publier des articles du *Mouvement Pacifiste, de la Paix par le Droit,* de la *Friedenswarte* ou de toute autre revue pacifiste.

Il me semble que cela pourrait être très utile à notre cause. *(Applaudissements.)*

M. MARINUS. — Dans la seconde moitié du XIXe siècle, une modification considérable s'est produite dans la presse. Au début, la presse, avant tout, cherchait à faire l'opinion et l'éducation générale ; aujourd'hui les choses ont changé. Un journal, c'est une entreprise commerciale. C'est une entreprise qui cherche à faire le plus de bénéfice possible et qui au lieu de s'attacher à faire l'éducation de la masse, cherche à faire écouler ses produits en satisfaisant les caprices de cette masse !

Celle-ci se trouve actuellement désireuse de sports. Eh bien, la presse lui sert de longs articles concernant les sports, et très peu de place est réservée à l'éducation et à la politique internationale.

Comme on le disait tout à l'heure, les journalistes sont appelés à écrire des articles concernant toutes les questions. Il leur est évidemment impossible de le faire avec une égale compétence. Ils se voient donc obligés, notamment au point de vue international, à s'en référer à ce que des agences spéciales veulent bien leur communiquer. Ces agences, au nombre de trois ou quatre, ont constitué un véritable monopole en se trustant. Or, ces agences, c'est une bête mauvaise, qui insère ce que le plus offrant veut bien lui donner ; le plus offrant voit ainsi ses communiqués publiés. Et j'entendais même dire un jour, par le rédacteur d'un journal socialiste, que lui-même se voyait obligé de passer par l'intermédiaire de ces agences pour avoir des renseignements sur la politique internationale. Aussi l'opinion est dirigée tout à fait faussement. L'opinion lit les nouvelles que les fabriques Creusot et autres font passer dans les journaux, petites notices et petits articles rédigés suivant les besoins momentanés de ces grandes fabriques. *(Applaudissements.)*

M. Sluys. — On a dit beaucoup de mal de la presse, je crois qu'on ne pourrait pas en dire assez. Mais il ne faut pas être absolu. Elle ressemble à la langue des gens qui disent des mensonges, mais aussi la vérité. Quant à moi, j'estime qu'à côté du mal qu'on peut dire de la presse actuelle, il ne faut pas oublier le bien qu'elle a fait. Pour ce qui regarde la question de la paix, j'estime, quant à moi, que la presse, la grande presse, en Belgique aussi bien qu'ailleurs, a rendu d'immenses services. Je ne veux pas d'autre exemple que celui-ci.

Pendant l'horrible guerre qui vient de se terminer, ou à peu près, dans les Balkans, les journaux, en dehors des communications des agences, ont publié des articles montrant l'horreur de cette guerre. Certains articles étaient extrêmement bien écrits par des correspondants de guerre, qui étaient allés au champ de bataille et qui, notamment dans *Le Journal* de Paris, ont fait des articles admirables montrant l'horreur de cette guerre épouvantable. Ceux qui ont lu ces articles ont certainement vu se développer en eux, des sentiments pacifistes et l'horreur de la guerre. Vous voyez donc que les journaux peuvent rendre de très grands services.

Je me rappelle qu'en 1870, un de nos compatriotes, devenu très grand écrivain, Camille Lemonnier, visitant les champs de bataille de Sedan et les environs, publia les articles devenus le livre *Les Charniers*. Eh bien, j'estime que si les journaux publiaient ou reproduisaient, à propos de guerre, de pareils articles, ils rendraient un immense service au pacifisme et l'on doit faire l'éloge de la presse qui entre dans cette voie, parce qu'elle nous rend des services considérables au point de vue de notre idée. Confiant dans les résolutions prises tout à l'heure par le chef d'un grand journal, je pense qu'il faut dire aussi qu'il est de l'intérêt et du devoir du pacifisme que les journaux analysent et jugent les causes des guerres qui éclatent. Il ne suffit pas d'annoncer que telle guerre a éclaté, mais encore d'analyser les causes immédiates et les causes profondes qui ne sont pas toujours des causes immédiates.

M. Bismarck ne fut pas la cause principale de la guerre franco-allemande. De même il n'y a pas seulement dans la guerre des Balkans que le premier coup de canon que le petit roi de Monté-négro a fait tirer. Eh bien, j'estime que la presse devrait faire connaître ces causes immédiates et profondes et les juger.

En second lieu, la presse doit avoir pour devoir aussi de dénoncer constamment des excitations à la guerre faites par les industriels, les politiciens, les ministres, etc. Exemple l'abominable chose qui s'est passée en Allemagne, il n'y a pas bien longtemps, la pression que la maison Krupp exerçait sur certains journaux pour provoquer la guerre.

M. MARINUS. — Même dans certains journaux français.

M. SLUYS. — C'est ce qui montre qu'il existe des malfaiteurs qui, pour leur intérêt personnel, ont assez peu de conscience que pour provoquer des guerres dans lesquelles des tas d'innocents perdront la vie. Voilà le rôle que la presse devrait jouer largement et j'estime que sur cette affaire Krupp on n'a pas assez joué de la presse.

En troisième lieu, je disais tout à l'heure et je le répète, il y aurait lieu de publier souvent dans les journaux des articles faisant connaître les horreurs de la guerre et je crois que l'assemblée présente ferait chose utile en reprenant de pareils articles. Au besoin, on pourrait prendre des extraits du volume de Camille Lemonnier, écrit sous forme de journal sur le champ de bataille de Sedan. Je pense que des brochures qui réuniraient des articles comme ceux que j'ai lus dans quelques journaux français et reproduisant les horreurs de la guerre, seraient en ce moment-ci excellentes au point de vue du développement du pacifisme. *(Applaudissements.)*

M. ROYER. — Mesdames et Messieurs, je partage complètement l'opinion de M. Sluys. Je tiens à ajouter qu'à mon avis, la question coloniale est inséparable de la question pacifiste. M. Sluys disait qu'il faut rechercher les causes profondes des guerres. Toutes les guerres modernes ont eu des causes coloniales. C'est dans les questions coloniales que Messieurs les capitalistes exercent tout leur talent.

Toute propagande pacifiste qui n'envisagerait pas la question coloniale serait absolument inefficace. Nous réclamons la constitution des États-Unis d'Europe. C'est fort bien. Mais nous devons réclamer aussi l'internationalisation des colonies et je suis persuadé que nous ne pourrons arriver à la constitution des États-Unis d'Europe que par l'internationalisation préalable des colonies. Je demande qu'à l'ordre du jour du prochain congrès de la Paix, se trouve la question coloniale. *(Interruptions et applaudissements.)*

M. CHOTIAU. — Le discours de M. Sluys vient bien corroborer ce que nous disions tantôt en ce sens que nous avons vu certains journaux envoyer des rédacteurs sur le champ de bataille et publier des articles qui venaient détruire en partie les communiqués tendancieux des agences. Nous avons en Belgique, des journaux de trois opinions qui défendent les idées pacifistes : le *Patriote*, catholique, le *Peuple*, socialiste, la *Gazette*, libérale.

M. MARINUS. — Et l'*Indépendance*.

M. CHOTIAU. — Voilà donc, au point de vue presse, la réunion des trois grandes opinions politiques belges. Parmi ces trois journaux, il n'y a que la *Gazette* qui ait publié, au sujet de la guerre des Balkans, des articles de tout premier ordre. Ni le *Peuple*, ni le *Patriote*, ni l'*Indépendance*, n'ont reproduit ces articles. Je me demande si, l'on ne pourrait pas par une action dans les groupements de la presse, obtenir qu'à l'occasion de ces faits de guerre l'on fasse abstraction de l'intérêt politique et que des articles du genre de ceux parus dans la *Gazette* soient publiés en même temps dans les différents journaux. Ce n'est pas aux pacifistes à réaliser cela. Cela doit partir des journalistes eux-mêmes. Je soumets cette question à M. Jourdain et j'espère qu'il voudra bien nous donner son avis.

M. Jourdain. — Évidemment, Monsieur; comme vous je trouve qu'on pourrait faire une telle publication ; seulement, dans la guerre des Balkans on n'a pas dit grand chose parce qu'on ne pouvait pas voir grand chose, notamment chez les Bulgares et les Serbes, les correspondants des journaux étaient tenus à des distances très respectueuses.

M. Chotiau. — J'ai cité les articles de la *Gazette*, trois ou quatre articles, parce que ce sont des articles merveilleux au point de vue de la propagande.

Il se pourrait, au moyen d'une entente préalable, que certains articles paraissent dans tous les journaux, comme cela se fait d'ailleurs dans tous les journaux pour des articles concernant des questions générales. *(Interruptions.)*

Le Président. — Mesdames et Messieurs, nous avons un peu dévié dans cette question spéciale. C'est inévitable. Surtout que nous sommes pour la première fois réunis ici, appartenant à des idées tout à fait différentes. Nous avons entendu d'excellentes suggestions au point de vue de la propagande à faire et nous en tiendrons note pour nos réunions futures.

Le comité que vous allez organiser vous fera les propositions et mettra à l'ordre du jour les questions qui se rapportent à ces différentes questions de propagande. Mais il y a me semble-t-il; au point de vue de la presse, un vœu, c'est que les journalistes pacifistes, à quelqu'opinion qu'ils appartiennent, veuillent bien faire comme nous, veuillent bien se réunir et envisager, puisqu'ils ont les mêmes idées que nous, quels sont les moyens qu'ils peuvent employer, à l'aide de l'instrument puissant qu'ils ont en main pour favoriser les idées qui ont été émises.

Je fais donc la proposition d'émettre un vœu consacré aux journalistes pacifistes pour qu'ils se constituent en un comité de journalistes pacifistes quelle que soit l'opinion politique à laquelle leur journal se consacre. *(Adhésion et applaudissements.)* Voici un texte que je vous propose :

Le Congrès invite les journalistes pacifistes à se grouper, abstraction faite de leurs opinions politiques ou religieuses, et à s'entendre pour organiser en commun leur propagande en faveur de la paix.

J'en reviens aux propositions de M. Jourdain, terminant son rapport. Voici la première résolution :

Le premier Congrès National de la Paix proclame que le premier devoir des écrivains est de défendre inlassablement les principes suivants :

1. Tous les pays civilisés ont les mêmes droits au respect de leur indépendance et de leurs frontières.

2. Dans les différends internationaux ils ont tous pour premier devoir social de ne point se faire justice à eux-mêmes et de recourir au tribunal de La Haye ou à l'arbitrage.

Je vais faire une petite observation. Pourquoi limiterions-nous aux pays *civilisés* ce droit à l'indépendance et au respect des frontières, puisque tous les pays ont le même droit au respect de de leur indépendance et de leurs frontières. *(Interruptions.)*

Je supprimerais le mot civilisés. Voici ce qui s'est produit lors de la Conférence Interparlementaire de 1895. Le président, qui était M. Descamps, a été chargé de transmettre une résolution aux gouvernements des pays civilisés. M. Descamps a été fort embarrassé de savoir quels étaient ceux auxquels il ne fallait pas la transmettre et je demanderai donc à M. Jourdain s'il a un petit instrument quelconque pour déterminer le pays qui est ou non civilisé.

M. Jourdain. — Le mot civilisé peut écarter précisément la question coloniale sur laquelle il y a beaucoup de divergences. *(Interruptions.)*

Le Président. — Ne peut-on pas supprimer le mot civilisé? *(Adhésion.)*

M. La Fontaine. — Je demande aussi que l'on remplace le mot *pays* par *nations*. *(Adhésion.)*

Mlle HAMER. — A-t-on le droit de remplacer le mot pays par nation. Il y a des nations qui ne constituent pas des pays. Ainsi la Pologne n'a pas de frontières puisqu'elle est comprise dans trois pays. C'est une nation, c'est une nation polonaise et ce n'est pas un pays.

M. LA FONTAINE. — Précisément, les Congrès de la Paix ont proclamé le droit des nations de disposer librement d'elles-mêmes. Nous devons employer le mot nation pour ne pas laisser de doute sur le sens de la résolution proposée.

LE PRÉSIDENT. — S'il n'y a pas d'autres observations, je déclare adopté le paragraphe 2.

Nous avons ensuite la résolution proposée par M. Sarton, qui se rattache à cet ordre d'idée.

La résolution est suffisamment concise. Quelqu'un demande-t-il la parole sur cette résolution?

M. CHOTIAU. — Je pense que M. Sarton pourrait retirer son projet de résolution qui est compris dans le projet de M. le Président. Il faut rester dans la généralité. Les journalistes eux-mêmes nous donneront plus tard des résolutions plus claires et bien plus pratiques.

M. SARTON. — Je demande à ce que cette résolution soit ajournée.

LE PRÉSIDENT. — M. La Fontaine a bien voulu rédiger des projets de résolutions au sujet des propositions qui n'ont pu être votées hier.

M. LA FONTAINE. — Nous avions réservé, hier, la question de savoir s'il fallait inviter le Gouvernement belge à ratifier lui-même la déclaration navale de Londres ou bien s'il fallait le prier de demander aux puissances par la voie diplomatique, de ratifier cette déclaration. Nous venons de relire l'article 70. Et il n'y a pas de doute que les gouvernements sont invités à adhérer à cette déclaration et à la ratifier. Ce sera donc dans le sens suivant que la résolution sera formulée :

Le Congrès invite le Gouvernement belge à adhérer à la Déclaration navale de Londres et à la ratifier aux termes de l'article 70.

(Adopté.)

La seconde résolution est relative à notre protestation contre les séances de boxe et je l'ai un peu généralisée en y comprenant tous les spectacles faisant appel à la violence et à la brutalité.

*Tout en reconnaissant l'utilité de l'éducation physique destinée
à développer chez la jeunesse la vigueur, la souplesse et l'eurythmie ;*

*Le Congrès National de la Paix s'élève avec énergie contre les
spectacles qui, comme les séances de boxe, font appel à la violence
et à la brutalité,*

*Invite le Gouvernement belge à mettre obstacle par tous les moyens
en son pouvoir et notamment par des dispositions légales, à l'organisation de telles exhibitions.*

Le Président. — Quelqu'un demande-t-il la parole.. Tout le
monde est d'accord sur la résolution. Alors elle est adoptée.

V. — LA PROPAGANDE PACIFISTE

Le Président. — Il reste à adopter le rapport de Mlle Hamer.
La parole est à Mademoiselle Hamer.

Mlle Hamer lit son rapport reproduit d'autre part. *(Applaudissements.)*

Le Président. — Le rapport de Mlle Hamer contient de nombreuses suggestions, de très bonnes suggestions au point de vue
de la propagande. Je propose de renvoyer ce rapport au comité
qui examinera quels sont les moyens à employer pour donner à
la propagande toute son efficacité.

M. Lemmens. — Est-ce que j'oserais faire une petite remarque
sur ce rapport et tous les rapports d'ailleurs, qui ont été présentés. Quand j'ai reçu ces rapports, je les ai lus, mais n'y ai pas
trouvé l'adresse du rapporteur et j'aurais bien voulu, du moins
pour l'un ou l'autre, lui écrire pour lui demander quelques explications. Il me semble qu'il serait utile d'indiquer les adresses pour
le prochain congrès. Par conséquent on pourrait préparer la
besogne et éviter une grande perte de temps.

Le Président. — On tiendra compte de cette observation.

M. Lemmens. — Je regrette très vivement, pour ma part, que
le congrès vienne à se dissoudre aujourd'hui, sans avoir pris une
mesure un peu plus générale au sujet de la propagande. On dit
que dans le pays le pacifisme marche, je le crois et je l'espère
plus encore. Mais il faut se mettre devant l'évidence. Dans le
peuple le pacifisme est si peu connu, nous avons beaucoup d'écoles
et une partie de la presse qui nous sont acquises ; c'est insuffisant.

J'en reviens à ce que je disais tout à l'heure. Je demande que le congrès vote un vœu de propagande plus général. Mlle Hamer vient de dire ce que nous pourrions faire par les conférences. C'est un excellent moyen. Nous avons, en Belgique, de très grands organismes, nous avons des syndicats, le père Rutten le sait, nous avons de puissants organismes qui disposent d'une force colossale. Nous avons également des organismes antialcooliques qui tiennent sous leur férule 10, 20 et même 80,000 membres. Voyez quelle influence nous pouvons avoir. Et si le Bureau voulait, de temps en temps, envoyer quelques communiqués à ces grands organismes qui ont aussi des journaux, de petits journaux qui ne sont certainement pas quotidiens, mais qui font tout de même impression sur le public ; si le Bureau voulait envoyer des petits communiqués, voyez dans combien de familles l'idée pacifiste pourrait s'introduire.

La grande presse, nous supposons qu'elle nous est très favorable et si vous lui envoyez des communiqués, il est probable qu'on les insérera, mais cela n'est pas certain. Tandis que dans les petits journaux, les avis seront reçu favorablement surtout s'ils ne sont pas trop longs. Ce sont là quelques petites idées qui pourraient être mieux exprimées si quelqu'un voulait se donner la peine de formuler un vœu définitif. *(Applaudissements.)*

M. La Fontaine. — Je suis complètement de l'avis du préopinant, et je vous dirai que la Dotation Carnegie qui possède, à Paris, un Bureau Européen, s'est préoccupé de faciliter la propagande par ces moyens divers. Nous avons précisement eu une séance la semaine dernière où nous avons examiné la création d'une agence télégraphique qui s'efforcerait de remonter le courant belliqueux qui entraîne le monde. Les agences actuelles évidemment sont aux mains d'un groupe militariste. Dans semblable entreprise, si vaste, il y a beaucoup de choses à faire. Notamment la Société belge de l'Arbitrage et de la Paix a été chargée par le Bureau international de la Paix de distribuer, en Belgique, *Le Mouvement Pacifiste*, qui contient des renseignements absolument objectifs et ne publie pas à proprement parler d'articles de propagande ; il reproduit des débats de Parlements, des discours, des discussions à l'occasion de faits incontestés comme ceux relatifs à l'usine Krupp. Il est distribué en Belgique environ 2,000 exemplaires de cette publication. Presque toutes les écoles et les bibliothèques populaires de Belgique reçoivent ce journal. Voilà donc une tentative qui produira, je l'espère, son effet au bout d'un certain temps.

Outre cette propagande, il y a celle par distribution de tracts, ainsi que cela se fait en Amérique, sur une très vaste échelle. Il serait peut-être possible d'introduire ce procédé chez nous non pas sous forme de brochures, mais de petites feuilles de quatre à six pages, renouvelées fréquemment. Il y a lieu de préconiser aussi le système des communiqués aux journaux ; nos amis de Hollande ont fait une tentative, au cours de l'année dernière : ils ont choisi deux cents journaux, non pas les plus grands journaux, qui le plus souvent ne reproduisent pas les communiqués, mais des journaux secondaires paraissant dans les provinces. Ils ont envoyé ainsi deux ou trois fois par mois des communiqués à tendances pacifistes et ils ont constaté que sur les deux cents journaux touchés, il y avait une moyenne de cent quarante à cent cinquante journaux qui ont reproduit les documents distribués. Voilà, certes, un moyen d'agir sur le grand public qui peut être très efficace. Si tout le monde ne lit pas les grands journaux en Belgique, tout le monde lit son journal local, et ces journaux sont très heureux de recevoir gratuitement des articles leur permettant de donner à leurs lecteurs des nouvelles qui ne soient pas des reproductions banales.

Espérons que le Comité national qui sera constitué par notre Congrès, sera à même de réaliser un tel travail. Malheureusement c'est toujours la question d'argent qui paralyse les meilleures volontés, et nos différentes sociétés sont pauvres et ne pourraient entreprendre un travail de ce genre. C'est en unissant nos efforts et en y affectant le faible subside que nous obtiendrons de la Dotation Carnegie, que nous pourrons réaliser une propagande plus étendue. Nous pourrons ainsi arriver à exercer une action générale sur tout le pays. *(Applaudissements.)*

Mme ANDRÉ. — Je suis de l'avis de M. l'abbé Lemmens, que les sociétés qui luttent pour des réformes humanitaires s'unissent aux organismes pacifistes. Je pense que les petits journaux édités par ces sociétés seront heureux de recevoir des articles qui traitent de la paix et de les insérer sans aucun frais. Je pense donc qu'il serait bon d'émettre le vœu, que toutes les sociétés qui s'occupent de défendre les idées humanitaires, s'unissent et travaillent pour la paix universelle.

Le Président. — Nous ne demandons pas mieux que d'avoir le plus de collaboration possible.

Mme Rey. — Existe-t-il des clichés pour projections lumineuses? Nous voudrions bien donner une conférence avec projections lumineuses concernant la guerre des Balkans. Où pourrions-nous les trouver?

M. Marinus. — Oui, ces clichés existent. Il y a des docteurs qui ont assisté à cette guerre et qui ont pris des photographies. Vous pourriez vous entendre avec eux pour donner cette conférence. Je vous ferai parvenir leur adresse.

Mme Rey. — Il serait peut-être désirable que le Bureau centralise les renseignements pour ces conférences. Il est assez difficile d'avoir des conférenciers étrangers. A plusieurs reprises des conférences ont été données par des conférenciers étrangers à Anvers et à Bruxelles, mais jamais à Liége, qui est cependant un grand centre également. Le Bureau devrait informer suffisamment à temps les différents groupes de la présence en Belgique de conférenciers étrangers et tenir à jour une liste avec l'adresse de ceux-ci.

Je demande aussi au Bureau s'il ne serait pas utile de mettre une série de conférences-types à la disposition des groupements.

C'est toute une étude à faire, je le sais, mais on a fait la même chose pour la question antialcoolique.

M. Marinus. — La Société « La Paix par le Droit », a rédigé trois conférences ; elles ne sont pas très longues, de nombreux renseignements y sont condensés, elles sont accompagnées de clichés qui sont mis à la disposition des membres, mais comme vous pouvez le constater dès à présent, la tâche de ce comité central permanent sera énorme. Et c'est précisément à ce comité qu'incombe la centralisation de tous ces renseignements et des ouvrages mis à la disposition de tous.

VI. — LES UNIVERSITÉS POPULAIRES ET LA PAIX

Le Président. — Il nous reste à examiner le rapport de M. Rossignol sur les Universités Populaires.

M. Rossignol. — Mesdames, Messieurs, avant de développer les idées principales sur lesquelles j'ai étayé le rapport de l'éducation pour ce qui est de l'action que les universités populaires peuvent faire pour le mouvement pacifiste, je dois d'abord demander, au nom de ceux qui m'ont donné mandat de parler aujourd'hui, une correction. Je n'ai pas l'honneur d'être délégué de la Fédération des Universités Populaires de Belgique, je suis le délégué de la Fédération des universités populaires Bruxelloises et c'est à la demande de ceux qui m'ont donné mandat de rédiger ce rapport que je signale cette erreur. Ceci afin de ne pas usurper un titre qui ne m'appartient pas.

Je voudrais ensuite ajouter une explication quant au début même de mon rapport. J'ai dit que les Universités Populaires par leur allure et par le programme qu'elles ont adopté peuvent être considérées commes des œuvres d'instruction complémentaire. Je tiens à dire que nous ne considérons pas, et la Fédération des Universités Populaires de Belgique n'entend pas non plus qu'on considère l'Université Populaire comme une école. On n'y suit pas un programme arrêté ayant pour but de donner des connaissances positives sur l'histoire, le commerce ou même les langues. Ce n'est pas le rôle des universités populaires et si je fais cette déclaration à la demande de ceux qui m'ont donné mandat de parler, c'est parce que dans certaines universités populaires, l'on a introduit ce système. Quelle en a été la conséquence? C'est que ces universités populaires ont cessé d'être des universités populaires. Au lieu d'être fréquentées, au lieu d'avoir un auditoire qui a besoin d'être éclairé sur les actualités urgentes, elles groupent des jeunes gens qui suivent des cours et qui devraient aller plutôt dans les écoles pour suivre un cours déterminé. C'est là un des défauts.

Les universités populaires, dans leur enseignement, ont donc surtout pout but à répondre à des besoins sociaux différents. Et comment doivent-elles répondre à ces besoins sociaux différents? Mais en profitant de leur tribune pour mettre le public au courant des choses urgentes, des actualités, toutes choses nécessaires à connaître et qui ne font partie d'aucun programme scolaire. C'est ainsi que dans nos universités ont été traitées les questions suivantes : 1° l'instruction contradictoire en matière répressive ; 2° les tribunaux d'enfants ; 3° le canal de Bruxelles au Ruppel ; 4° l'alcoolisme ; 5° la guerre des Balkans.

Voilà à peu près le genre de sujets qui à notre avis devraient être abordés dans nos universités populaires.

La question du pacifisme est une question importante ; c'est une question urgente et c'est une question qu'on ignore, dont on ignore surtout le passé. Nous avons entendu tout à l'heure, avec infiniment de plaisir, la proposition qui a été faite par M. Jacques-Houssa. Seulement, M. Jacques-Houssa s'est servi d'un terme qui n'est de nature qu'à rallier les pacifistes convaincus et leurs adeptes. M. Jacques-Houssa demande que la presse entretienne souvent le public de l'idéal pacifiste. Eh bien, je crains que cet idéal pacifiste développé par la presse ne nous amène pas beaucoup d'adhérents nouveaux. L'idéal pacifiste c'est bon pour nous.

Je crois qu'il y aurait, comme moyen de diffusion, autre chose à faire. Ce serait de parler du passé du pacifisme. Ceux que nous voulons convertir nous disent souvent qu'il n'a rien fait, c'est qu'ils ignorent le travail que le pacifisme a réalisé. Il s'est occupé de la question des nationalités, il a imposé des problèmes dont tout le monde admet aujourd'hui la solution, seulement on ne sait pas d'où vient la solution. On ignore qu'elle vient du pacifisme. Le pacifisme s'est occupé également du problème de la colonisation. Les principes qu'il a proclamés sont acceptés maintenant par la diplomatie, par les Conférences de la Paix et d'Algésiras. Il faut le proclamer partout : voilà l'œuvre des pacifistes. Ils se sont occupés également de beaucoup d'autres questions, comme par exemple de la Cour des Prises, de la question de l'Arbitrage, de celle de la Neutralisation des détroits et des canaux maritimes.

Eh bien, je crois que faire connaître le passé du pacifisme pour nous amener de nouveaux adhérents, vaut beaucoup mieux que de faire connaître son idéal. C'est dans ce sens, Monsieur Jacques-Houssa, que j'abonde dans l'idée que vous avez émise tout à l'heure.

Cette question du passé du pacifisme et des organismes qu'il a créés, des principes qu'il est parvenu à faire introduire dans l'organisation internationale, à mon avis, l'exposition doit en être faite dans toutes les universités populaires et nous demandons donc, au nom des universités populaires qui constituent la Fédération bruxelloise, que des pacifistes dévoués et autorisés se mettent à notre disposition, pour faire connaître pendant le cours de l'année universitaire qui commencera en octobre prochain, l'œuvre du pacifisme, le passé du pacifisme, les choses que le pacifisme a réalisées. Ce sont là des faits très importants à faire connaître à nos auditoires et qui leur permettront de savoir ce que vaut le pacifisme. (L'orateur, après avoir présenté ces considérations, résume le rapport reproduit d'autre part.)

M. MARINUS. — Ayant beaucoup conférencié dans les universités populaires, j'aurais peut-être beaucoup de choses à dire à leur sujet. Je crois qu'il entre dans les intentions de l'assemblée et du comité, d'épuiser notre programme entièrement ce matin et de nous séparer ensuite. Je tâcherai donc d'être aussi bref que possible.

Tout d'abord je voudrais voir introduire une modification dans la résolution qui nous est proposée relativement au programme de l'éducation et des fêtes pacifistes dans les universités populaires. Quand on est appelé à y conférencier, on pénètre dans une salle où l'on se trouve en présence de 7, 8, 10, 15, 20 personnes. Ce n'est pas par ce moyen qu'on peut atteindre un public considérable. Les gens viennent surtout dans les universités populaires — c'est triste à constater, — non pas pour essayer d'en retirer quelque enseignement, mais surtout pour se distraire. On a l'habitude de considérer l'université populaire comme son club, où l'on va à jours fixes et à heures fixes. Ce n'est que lorsqu'on organise des fêtes que la salle est remplie. Il importe donc de profiter de ce moyen pour que les idées pacifistes pénètrent dans les milieux populaires. Organisons-y donc des fêtes pacifistes.

Mais lorsqu'on organise une fête pacifiste, comme le disait Mlle Hamer, le temps réservé au conférencier est très restreint et celui-ci est obligé de s'en tenir seulement à quelques généralités ; il est obligé de ne s'adresser qu'à la sentimentalité et cela n'a aucun effet pratique. Il est très difficile de donner à ses auditeurs, en une seule séance, une notion assez complète de ce qu'est le pacifisme et quelles sont ses espérances.

Une série de causeries devient alors nécessaire et je ne saurais assez recommander partout où la chose est possible, l'exemple de l'Université Populaire de Forest. Désireuse de donner à ses membres une solide documentation pacifiste, elle a organisé, pour un nombre très restreint d'auditeurs, une série de causeries consacrées respectivement aux différents problèmes du pacifisme économique, politique, etc. J'estime qu'il y a là une suggestion à signaler aux différentes universités populaires.

Quant à ce qui nous a été communiqué au sujet du *Mouvement Pacifiste* dans les universités populaires, je dirai à M. Rossignol, que le *Mouvement Pacifiste* est distribué à toutes les universités populaires. Mais voici ce qui arrive généralement. Le secrétaire de l'université populaire donne son adresse personnelle au lieu de donner celle du local et à la fin de l'année, le secrétaire étant démissionnaire, soit parce qu'il en a assez, soit parce que l'université populaire cherche à s'en débarrasser, nous continuons à lui adresser le *Mouvement Pacifiste*, ce qui fait que la bibliothèque de l'université se trouve privée du *Mouvement Pacifisite*. Je voudrais que la Fédération Nationale des Universités Populaires de Belgique, qui centralise ces adresses, nous mette au courant des changements qui s'effectuent dans ce domaine.

Il convient donc me semble-t-il, que le second paragraphe de la troisième conclusion soit supprimé.

M. CHOTIAU. — Le rapport de M. Rossignol, que j'approuve entièrement, est unilatéral. Il ne pouvait en être autrement puisqu'il est délégué par les universités populaires seulement. Mais à côté de ces œuvres, il en existe un nombre considérable d'autres. Nous avons fait un pas énorme hier, puisque nous nous sommes trouvés d'accord pour dire malgré nos divergences philosophiques ou politiques que l'enseignement en général et même celui de l'histoire devait avoir une base pacifiste.

Restons donc unis et englobons dans notre résolution non seulement les universités populaires, mais tous les cercles d'enseignement postscolaires généralement quelconques. Cela donnera satisfaction à la fois aux universités populaires et aux œuvres de l'abbé Lemmens. *(Applaudissements.)*

En second lieu, je voudrais qu'on ne précisât pas trop les œuvres auxquelles les œuvres postscolaires devraient adhérer. A côté de la Société belge de l'Arbitrage et de la Paix, il y a la Fédération des cercles catholiques qui est très importante. Il ne faudrait pas qu'on pousse les extensions universitaires et les cercles et les fédérations catholiques à adhérer à cette première société plutôt qu'à la seconde. Du moment qu'ils adhèrent à un organe pacifiste cela doit nous suffire.

Nous pourrons peut-être résumer la chose en disant qu'*il est dési-*

rable qu'une propagande pacifiste soit entreprise dans toutes les œuvres d'éducation populaire. Cette propagande serait faite sous forme de conférences, de fêtes, de bibliothèques, etc. ; — que le Bureau Central que nous allons organiser, centralise tous les renseignements et documents utiles et les envoie aux intéressés. Je crois que ce serait plus général et lors des congrès ultérieurs nous pourrons préciser ces renseignements d'après l'expérience. *(Applaudissements.)*

LE PRÉSIDENT. — Voici donc la proposition qui nous est présentée en lieu et place de celle de M. Rossignol :

Il est désirable qu'une propagande pacifiste soit entreprise dans toutes les œuvres d'éducation populaire : universités populaires, extensions universitaires, postscolaires, cercles d'études, etc.

Cette propagande sera faite sous toutes les formes utiles : fêtes, conférences, bibliothèques, adhésions aux œuvres pacifistes, etc.

Le Bureau centralisera tous les renseignements utiles et enverra les documents nécessaires aux intéressés.

LE PRÉSIDENT. — Nous avons encore la question de la nomination d'un bureau permanent.

M. MARINUS. — J'ai esquissé le but que devrait poursuivre cet organisme en quatre pages qui ne sont évidemment qu'un résumé de la tâche à remplir par lui en principe. Il n'y a que sur le principe que nous puissions nous prononcer aujourd'hui. J'ai donc l'avantage de vous présenter les résolutions suivantes :

Le premier Congrès National de la Paix, réuni à Bruxelles, les 8 et 9 juin 1913, décide :

1º De créer une Délégation permanente des Sociétés belges de la Paix ;

2º Charge son Comité d'organisation d'étudier le fonctionnement détaillé de cette Délégation et de présenter un rapport définitif sur la question lors du prochain Congrès ;

3º Charge son Comité d'organisation de prendre, dans l'intervalle et si les circonstances l'exigent, des mesures pour combattre les tendances belliqueuses qui pourraient surgir.

Je suppose que vous serez tous d'accord. On ne peut naturellement pas entrer dans les détails des services à organiser : règlements, statuts, etc.

LE PRÉSIDENT. — Cette résolution comprend en réalité deux

choses : l'existence d'un Comité permanent. Je vais mettre d'abord cette résolution aux voix. Est-ce que vous êtes d'avis de fonder un Comité permanent qui continuera l'œuvre que nous avons commencée hier, et que nous avons continuée aujourd'hui? *(Adoptée à l'unanimité.)*

Il y a une autre résolution à prendre. C'est celle de constituer ce Comité permanent du Bureau actuel d'organisation. Je pense que vous serez de mon avis que mes collègues devront continuer ce qu'ils ont entrepris ; seulement je ferai une observation. C'est que, il n'y a autour de moi que des membres, à part le P. Rutten et M. Marinus, à qui il reste très peu de cheveux; et je vous demanderai pour le Comité, l'autorisation de faire appel à des personnes plus jeunes et par conséquent plus actives, qui pourront les aider dans leur vaste besogne. *(Adhésion.)*

M. Marinus propose M. De Visscher.

Le Président. — Quelqu'un voudrait-il désigner quelques dames pour faire partie du Comité?

R. P. Rutten. — Je m'excuse de ne pouvoir accepter par suite de mes occupations et je propose de me faire remplacer par l'abbé Richardson. (Le président lui fait remarquer que ce dernier fait déjà partie du Comité. Le R. P. Rutten accepte.)

Le Président. — Nous sommes tous fort occupés et c'est pourquoi j'ai demandé que le Comité soit autorisé à coopter des personnes ayant une connaissance spéciale des questions qui leur seront soumises et en situation de présenter à la réunion suivante un travail bien documenté. *(Applaudissements.)*

Je vous demande la permission de clôturer ces débats par quelques mots très brefs. En résumé, nous avons à nous féliciter de notre hardiesse. Nous avons donné un exemple que je voudrais voir suivre plus souvent en Belgique ; c'est lorsqu'il y a une question sur laquelle nous sommes d'accord, que nous affirmions cet accord par un travail en commun. Nous discutons suffisamment sur d'autres questions. Souhaitons de marcher longtemps ensemble dans cette voie, et non pas seulement parallélement comme on l'a dit à plusieurs reprises ; ayons un seul et même but devant les yeux, et nous réaliserons des miracles.

On nous a dit souvent : vous n'avez rien fait, vous ne faites rien. Évidemment, on nous adresse des critiques et je vous engage beaucoup à lire ces critiques et à ne pas les rejeter dès le premier abord en disant qu'il est ennuyeux que l'on se moque de nous, qu'on nous dise que nous ne faisons rien. Nous avons toujours à profiter des critiques qu'on nous fait. Nous avons à en profiter sérieusement. Et il y en a une sur laquelle j'appelle votre attention. Le pacifisme doit s'appuyer sur des faits et il ne fera rien tant qu'il ne s'attaquera pas aux causes. C'est une chose très vraie, très exacte, que nous ne devons jamais oublier : rechercher les causes de la guerre et les combattre sans pitié.

Je disais que chez les Grecs on prétendait que c'était les fabricants de boucliers et les fabricants de lances qui avaient causé la guerre du Péloponèse. C'était une vérité du temps d'Aristophane. C'est une vérité encore aujourd'hui. Après vingt-cinq siècles, on en arrive à constater que c'est toujours la même chose et que l'histoire de l'humanité se renouvelle. C'est triste ou c'est drôle, suivant le point de vue où l'on se place.

Et pourtant je suis très optimiste ; on m'en a fait souvent le reproche. Mais je vous engage à être aussi optimistes, parce que, quand on ne l'est pas, on ne fait plus rien. *(Applaudissements.)*

Quand on n'a pas la foi dans le but que l'on poursuit, il est évident qu'on trouve très inutile la peine qu'on se donne !

C'est sur ces paroles que je vous souhaite à tous de nous retrouver encore d'ici pendant quelques années, sans aucun vide autour de nous et de nous retrouver dans les mêmes dispositions : nous ferons ainsi d'utile besogne. *(Applaudissements prolongés.)*

Résolutions

—

Considérant qu'il est de principe que la guerre est une relation d'Etat à Etat et que, par conséquent, le commerce doit être maintenu libre entre les individus et les Etats qui ne sont pas engagés dans la guerre ;

Le Congrès émet les vœux :

I. — Que la propriété privée soit respectée même dans la guerre maritime ;

II. — Que, conformément aux principes impliqués dans le Règlement des lois et coutumes de la guerre sur terre de 1907, la liberté du commerce soit maintenue entre sujets des Etats belligérants.

Le Congrès invite le Gouvernement belge à adhérer à la Déclaration navale de Londres et à la ratifier aux termes de l'article 70.

* * *

I. — Fondé sur le droit de souveraineté des Etats pacifiques, le principe de l'inviolabilité du territoire des Puissances neutres impose aux Puissances belligérantes une obligation absolue. Il s'ensuit que la responsabilité d'une violation d'un territoire neutre retombe tout entière sur la Puissance envahissante.

II. — Le principe de l'inviolabilité des territoires neutres constitue une loi de la guerre. A ce titre, il oblige non seulement les gouvernements des Puissances belligérantes, mais les chefs responsables de leurs armées qui violeraient la neutralité de leur propre initiative.

III. — Les Puissances souveraines restées fidèles à l'attitude d'abstention impartiale, base de la neutralité, n'encourent en cas de violation de leur territoire, aucune responsabilité internationale, soit à raison de l'organisation militaire qu'elles ont jugé bon d'adopter, soit à raison de la résistance effective qu'elles ont opposée aux envahisseurs.

IV. — La Belgique jouit de tous les droits reconnus, par la Conférence de la Paix de 1907, aux Puissances neutres. Le caractère permanent de sa neutralité et la garantie que les Puissances, par une juste compensation, ont attachée à ses droits, ne mettent aucun obstacle à l'application intégrale du droit commun de la neutralité à la Belgique, qui a le droit d'assurer l'inviolabilité de ses frontières.

* *

I. — Il est désirable d'introduire à l'école primaire un cours de morale qui, par des exemples pris successivement dans la famille, l'école, la cité, le pays, la grande famille humaine montreront comment, dans ces divers milieux, sont tracés et doivent s'exercer les devoirs de justice, de loyauté, de bonté (1).

II. — A l'école normale, le cours de morale donné aux élèves instituteurs et aux élèves institutrices comportera un exposé des grandes questions, l'étude des œuvres et des organismes déjà existants.

III. — Il est désirable que l'enseignement général soit imprégné des idées pacifistes et que dans cet ordre d'idées les sociétés pacifistes travaillent à l'élaboration de manuels appropriés.

* *

Il est désirable qu'une propagande pacifiste soit entreprise dans toutes les œuvres d'éducation populaire : universités populaires, extensions universitaires, postscolaires, cercles d'études, etc.

Cette propagande sera faite sous toutes les formes utiles : fêtes, conférences, bibliothèques, adhésions aux œuvres pacifistes, etc.

---

(1) Il est également décidé d'ajouter le mot *alcoolisme* dans la colonne 4 du tableau, p. 4, du rapport de M. Rossignol (**2. 2**), après *Santé publique*.

Le Bureau centralisera tous les renseignements utiles et enverra les documents nécessaires aux intéressés.

** **

Le premier Congrès National de la Paix proclame que le premier devoir des écrivains est de défendre inlassablement les principes suivants :

1. Toutes les nations ont les mêmes droits au respect de leur indépendance et de leurs frontières.

2. Dans les différends internationaux elles ont toutes pour premier devoir social de ne point se faire justice à elles-mêmes et de recourir au tribunal de La Haye ou à l'arbitrage.

Le Congrès invite les journalistes pacifistes à se grouper, abstraction faite de leurs opinions politiques ou religieuses, et à s'entendre pour organiser en commun leur propagande en faveur de la paix.

** **

Le premier Congrès National de la Paix, réuni à Bruxelles, les 8 et 9 juin 1913, décide :

1º De créer une Délégation permanente des sociétés belges de la Paix ;

2º Charge son Comité d'organisation d'étudier le fonctionnement détaillé de cette Délégation et de présenter un rapport définitif sur la question lors du prochain Congrès ;

3º Charge son Comité d'organisation de prendre, dans l'intervalle et si les circonstances l'exigent, des mesures pour combattre les tendances belliqueuses qui pourraient surgir.

** **

Tout en reconnaissant l'utilité de l'éducation physique destinée à développer chez la jeunesse la vigueur, la souplesse et l'eurythmie,

Le Congrès National de la Paix s'élève avec énergie contre les spectacles qui, comme les séances de boxe, font appel à la violence et à la brutalité,

Invite le Gouvernement belge à mettre obstacle par tous les moyens en son pouvoir et notamment par des dispositions légales, à l'organisation de telles exhibitions.

RAPPORTS

1. Le respect des frontières neutres.

2. La paix et l'éducation.

3. La liberté du commerce en temps de guerre.

4. La presse et la paix.

5. Questions diverses.

Premier Congrès National de la Paix (1913)

I. — LE RESPECT DES FRONTIÈRES NEUTRES

Le Respect des frontières neutres

RAPPORT

PRÉSENTÉ PAR

M. F. DE VISSCHER

Avocat à la Cour d'Appel de Bruxelles

Le problème de la neutralité prenait naturellement place en tête de l'ordre du jour du Congrès de la Paix. C'est dans l'ensemble des normes qui constituent le droit moderne de la neutralité que la paix, cet état de fait, trouve sa protection juridique. La neutralité, « c'est la Paix constituée en face de la Guerre (1) ». Le droit de la neutralité couvre la situation pacifique des États comme le droit de propriété couvre la paisible possession des biens par les particuliers.

Nous envisageons aujourd'hui le droit fondamental des États neutres, le droit au respect, à l'inviolabilité du territoire. Ce droit peut être régi par les principes généraux de la neutralité, ou présenter certaines particularités dues à des conventions spéciales. Le plan de ce travail est établi d'après cette distinction. Nous nous bornerons, dans la seconde partie, à préciser la situation juridique de la Belgique telle qu'elle résulte du traité de 1839.

---

(1) E. Cauchy, *Dictionnaire de la Politique* (M. Block), vᵒ Neutralité.

CHAPITRE PREMIER

Le développement de la théorie de la neutralité fut particulièrement lent et pénible. Nous ne suivrons pas cette évolution dans toutes ses phases, depuis Hugo Grotius jusqu'aux Conférences de La Haye 1907 et de Londres 1909. Les lois internationales modernes ont édifié en cette matière un système juridique d'une si parfaite maturité que c'est en vain que nous leur chercherions quelque complément dans les formations embryonnaires qui les ont précédées. Il faudra cependant signaler l'erreur fondamentale qui vicie toutes les conceptions anciennes de la neutralité. Elle a maintenu chez quelques-uns de nos plus éminents publicistes modernes un point de vue qui est en contradiction flagrante avec les derniers progrès du droit.

§ 1. Dans son sens propre, le mot neutralité désigne l'attitude d'une puissance qui s'abstient de prendre part à la querelle de deux ou plusieurs autres puissances. La qualité de neutre est subordonnée à cette abstention. La nation qui veut être et rester neutre doit s'abstenir de toute participation au conflit. Mais, notons-le bien, l'abstention n'est pas un devoir, une obligation juridique dérivant de la neutralité; c'est une condition d'existence de la neutralité, une situation de fait qui sert de base aux relations juridiques entre les États pacifiques et les États belligérants, une attitude qu'il appartient à chaque État d'adopter ou de ne pas adopter suivant une appréciation qu'il émet en pleine indépendance. En un mot, l'abstention est un devoir pour ceux qui prétendent à la qualité de neutre; ce n'est pas un devoir qui résulte de la situation de neutre.

La neutralité suppose donc l'abstention. Mais tout autre est la question de savoir quelle est, vis-à-vis des belligérants, la situation juridique d'une nation ayant acquis par son abstention la qualité de neutre. Il y a entre ces deux problèmes toute la différence qui sépare, en droit civil, la théorie des modes d'acquisition de la propriété de celle des droits du propriétaire.

Au cours de ces dernières années, le principe de la souveraineté et de l'indépendance des nations pacifiques s'est révélé comme le fondement rationnel de tout ordre international en

1.1

temps de guerre. La neutralité peut se définir par le maintien des droits souverains des États pacifiques vis-à-vis des belligérants. C'est sur le droit de ces États au respect, à l'inviolabilité de leur indépendance que les lois internationales les plus récentes se sont basées pour déterminer la situation juridique du neutre.

L'article premier du chapitre consacré par la Conférence de La Haye 1907, aux droits et devoirs des puissances neutres, s'exprime ainsi :

Le territoire des Puissances neutres est inviolable.

Les travaux préparatoires précisent encore le sens de cette déclaration. « Le principe qu'il convient d'affirmer, c'est l'obligation pour les belligérants de respecter les droits souverains des États neutres (1)». Une discussion s'était élevée sur le point de savoir s'il convenait de traiter d'abord des droits des neutres, ou des devoirs qui leur incombent par suite de la violation de leur territoire. Une juste conception de la neutralité eut tôt fait de triompher. « Il importe de déclarer, dit M. Van den Heuvel, que les obligations des neutres à l'égard de ces faits dérivent d'une interdiction générale qui, en bonne logique, concerne d'abord les belligérants avant de produire des conséquences pour les neutres (2). »

Se conformant à cette conception, l'article 2 *interdit aux belligérants de faire passer à travers le territoire d'une Puissance neutre, des troupes ou des convois, soit de munitions, soit d'approvisionnements.*

ART. 3. — *Il est également interdit aux belligérants :*

a) *D'installer sur le territoire d'une Puissance neutre, une station radiotélégraphique ou tout appareil destiné à servir comme moyen de communication avec les forces belligérantes sur terre ou sur mer ;*

b) *D'utiliser toute installation de ce genre établie par eux avant la guerre sur le territoire de la Puissance neutre, dans un but exclusivement militaire, et qui n'a pas été ouverte au service de la correspondance publique.*

Il faut malheureusement signaler chez bon nombre de nos

---

(1) *Actes et Documents*, La Haye, 1907, vol. I, p. 297.
(2) *Ibid.*, vol. III, 2º comm. Ann. 30.

1.1

publicistes, la persistance d'un préjugé, d'une mentalité qui les rend inaptes à saisir le sens des plus récentes décisions internationales, ou tout au moins d'une rare ingéniosité à émousser ce qu'elles ont de plus net et de plus formel.

L'abstention est la base nécessaire de la neutralité ; elle est une charge pour celui qui veut être ou rester neutre. Mais par une déplorable confusion, beaucoup d'auteurs transportent ce point de vue qui est celui de l'acquisition ou de la conservation de la neutralité, qui est, si j'ose m'exprimer ainsi, le point de vue génétique, à la situation acquise de neutre. Tout leur apparaît charge et devoir dans la neutralité. Nous assistons alors aux plus déroutantes inversions des situations et des principes reconnus par la Conférence de La Haye. L'inviolabilité du territoire se traduit par l'obligation pour les neutres de se défendre contre les violations de leur territoire par les belligérants. Autant vaudrait définir le droit du propriétaire par l'obligation de se défendre en justice contre une revendication injuste ! C'est dans la croyance invétérée à la supériorité des droits des belligérants, c'est dans l'annihilation de la conscience juridique en présence des rapports de force qu'il faut rechercher la source de ces aberrations.

Les déclarations de la Conférence de La Haye 1907, ont condamné cette doctrine de la façon la plus catégorique et dissipé toute équivoque sur la portée des principe de l'inviolabilité des territoires neutres. Voici en quels termes M. De Bustamante, l'éminent internationaliste américain, apprécie l'œuvre de la Conférence : « Une série d'actes et d'abstentions qui étaient autrefois appelés devoirs des puissances neutres, sont encore appelés devoirs, mais devoirs des États belligérants. Au lieu d'établir, par exemple, que les neutres doivent empêcher le passage des armées belligérantes à travers leur territoire, il est désormais entendu que les combattants doivent s'abstenir de traverser le territoire neutre avec leurs armées. *Ce qui constitue un changement radical dans la situation juridique des deux, et par conséquent dans leur responsabilité internationale* (1). »

C'est sur les puissances belligérantes et non sur les neutres

---

(1) *American Journal of international law,* 1908.

1.1

comme tentent de le faire accroire certains publicistes, que retombe la responsabilité de toute violation du territoire neutre. Un manuel bien connu de droit international admet que tout acte d'hostilité accompli par un belligérant sur ce territoire est illicite. Nous apprenons ensuite, avec quelque stupeur, que cet acte, commis par le belligérant, n'est illicite que dans le chef du neutre qui n'a pas mis obstacle à cette violation de son droit (1). Il faut regretter que l'auteur n'ait point illustré de quelques exemples et analogies un raisonnement d'une si belle tenue logique. Il sera permis de suppléer à cette lacune. J'ai droit à l'intégrité de ma personne. Un bandit m'attaque et me blesse. Le bandit commet-il un acte illicite? Point. La culpabilité de cet acte retombe toute entière sur moi qui, en ne m'armant ou en ne me défendant pas, n'ai point empêché cette atteinte à l'ordre public. C'est l'évidence même.

Ces théories ne doivent pas nous surprendre. Le même auteur déclare : « Les États belligérants sont libres de se soustraire aux obligations créées par les lois de la guerre ou de les respecter exactement. Toujours souverains appréciateurs des nécessités de la guerre, ils dirigent leur conduite selon le degré de civilisation et d'intelligence pratique qu'ils ont atteint. » (2) C'est ainsi que le droit international public s'enseigne dans certaines universités françaises. Les juristes (?) formés à cette école, ne reconnaissent d'autres droits que ceux de la force et de la nécessité. Les décisions internationales ne concernent pas les belligérants, qui représentent cette force. Elles n'ont effet que pour les États pacifiques ; et comme ceux-ci n'ont point la force ou n'en veulent pas faire usage, les lois ne peuvent jamais créer dans leur chef que des devoirs et des obligations.

§ 2. Le principe de l'inviolabilité du territoire neutre est une loi de la guerre. Elle a la même force obligatoire que les lois qui défendent l'usage de moyens barbares, comme les balles dumdum, ou de moyens perfides, comme la rupture d'un armistice

---

(1) BONFILS, 1912, p. 948, n° 1450.

(2) IBID., p. 677, n° 1014.

1.1

par surprise (1). « A la guerre, dit M. Pillet, tous les moyens ne sont pas bons à la seule condition d'être efficaces ; il faut encore qu'ils n'entachent en rien l'honneur militaire de ceux qui les emploient. » Le belligérant qui envahit un territoire neutre se déshonore. L'infamie d'une pareille violation pèse non seulement sur le Gouvernement qui l'ordonne, mais sur les chefs responsables de son armée. Ceux-ci doivent se refuser à obéir à toute injonction de cette nature qui leur serait faite par leur chef suprême, comme l'honneur militaire leur ferait un devoir de se refuser à l'ordre de mutiler des adversaires vaincus.

L'invasion du territoire neutre par une armée belligérante constitue une grave infraction aux lois de la guerre. Contre cette odieuse violation de tous ses droits, la nation neutre tient de la loi internationale une arme terrible : les représailles. Les représailles sont un moyen de coercition, elles ont pour but de contraindre un adversaire au respect des lois de la guerre et ne peuvent par conséquent dépasser cet objet. Mais dans ces limites, la nation victime d'une infraction est incontestablement déliée des obligations que les coutumes internationales imposent aux belligérants. C'est ainsi que la violation de la neutralité appelle sur le coupable le déchaînement de toutes les violences que la civilisation s'est efforcée de comprimer : le meurtre des chefs responsables, la mise à prix de leur tête, toutes les horreurs d'une lutte barbare capable de ramener un belligérant à l'observation de la légalité. Conséquences effroyables, sans doute, mais que le droit, en l'absence d'un pouvoir coercitif international, se voit obligé de reconnaître et dont la responsabilité retombe toute entière sur l'État envahisseur.

Il est bon de mettre en lumière les perturbations profondes que peut entraîner une seule infraction. Ces perturbations iront sans cesse croissant, avec le progrès même du droit. Car c'est une loi inéluctable : à mesure que les droits des membres de la Société internationale seront mieux définis, plus graves et redoutables se révèleront les conséquences d'une violation de ces droits. Le retentissement, les troubles qui résultent d'une

---

(1) Voir en ce qui concerne la violation du territoire belge, DESCAMPS, *La Neutralité de la Belgique*, p. 434 et s.

1.1

infraction au droit des gens prendront un jour de telles propor-
tions que les nations jugeront peut-être plus sage de renfermer
leur action dans les bornes de la plus stricte légalité.

Telle est la portée du principe de l'inviolabilité du territoire.
C'est une loi internationale garantissant la souveraineté terri-
toriale des États pacifiques en temps de guerre.

§3. Abordons maintenant la question tant débattue des devoirs
des neutres concernant la défense de leurs frontières.

L'inviolabilité du territoire est un droit pour les neutres, une
obligation pour les belligérants. Les nations qui prétendent à
ce droit doivent naturellement observer une attitude d'abstention impartiale au conflit. Ce n'est point là, répétons-le, un
devoir dérivant de la situation de neutre, c'est la neutralité
elle-même. Et comme il appartient à chaque État de prendre
part ou non au conflit, cette abstention n'a point le caractère
d'une nécessité, d'un devoir absolu, catégorique, mais d'un
impératif conditionnel, purement hypothétique : la nation doit
s'abstenir si elle veut rester neutre. Les droits, au contraire, qui
se fondent sur la situation de neutre, sont absolus et sans condition.

Une nation pacifique ne pourrait évidemment autoriser un
belligérant à se livrer sur son territoire à des opérations militaires
quelles qu'elles soient, sans perdre les avantages de la neutralité
(voir art. 5 du chapitre des Droits et Devoirs des Puissances
neutres. Conférence de La Haye, 1907).

Mais si elle ne peut autoriser ces actes, est-elle tenue de s'y
opposer par la force? Que ce soit son droit, nul ne le conteste.
La question est de savoir s'ils peuvent, pour n'avoir point usé
de ce droit, encourir quelque responsabilité internationale.
Ce problème est souvent résolu dans la presse et même dans la
littérature juridique, de la façon la plus fantaisiste. Le principe
de la souveraineté adopté par la Conférence de La Haye, 1907,
comme base du règlement de la situation juridique des nations
neutres, eut pour conséquence de dégager la neutralité des
lourdes responsabilités que la doctrine ancienne lui imposait.

On peut concevoir une double responsabilité des puissances
neutres. Étant donnée une violation de leur territoire, elles pourraient être tenues responsables de l'insuffisance de leurs armé-

ments. On pourrait aussi les rendre responsables de n'avoir point exercé la résistance que l'on pouvait attendre des armements dont elles disposaient.

Ce sont là deux bases concevables de responsabilité qu'il convient d'envisager séparément.

A. L'État neutre a-t-il l'obligation internationale d'organiser une armée suffisante pour résister à toute violation de son territoire? Le principe de la souveraineté des États neutres fournit à cette question une réponse facile. Chaque État règle en pleine indépendance l'organisation de sa défense, il ne saurait encourir de ce chef aucune responsabilité. La Conférence de La Haye, 1907, s'est prononcée sur ce point avec la plus parfaite netteté dans la Convention concernant les *droits et les devoirs des Puissances neutres en cas de guerre maritime*, article 25. *Une Puissance neutre est tenue d'exercer la surveillance que* **comportent les moyens dont elle dispose** *pour empêcher dans ses ports ou rades et dans ses eaux toute violation des dispositions qui précèdent.* La réserve exprimée par ces mots *les moyens dont elle dispose* se retrouve dans les articles 3 et 8 de la même convention et décharge formellement les nations neutres de toute responsabilité concernant l'insuffisance de leurs armements.

B. L'organisation de la défense des nations neutres échappe au contrôle des belligérants. En est-il de même de la résistance effective que les nations neutres opposent aux violations de leur territoire? Une nation souveraine exerce son droit de défense comme bon lui semble. En principe donc, elle ne saurait être rendue responsable de n'avoir point opposé à un belligérant une résistance proportionnée à ses armements. « L'État neutre, dit M. Ottolenghi, ne peut être tenu responsable s'il ne s'est point, dans la sphère des moyens dont il dispose, opposé d'une façon énergique et effective à l'action des belligérants (1). » La seule chose qu'il doive faire, dit M. Renault à la Conférence de La Haye, « est d'accorder le même traitement aux deux belligérants». Il n'y a dans la neutralité d'autre source de responsabilité que la violation du devoir d'impartialité.

---

(1) *Il diritto dei neutri secondo la V et la XIII convenzione dell' Aja de 18 ottobre 1907. Rivista di diritto internazionale*, 1909, p. 169.

1.1

9

Nous nous rallions pleinement aux conclusions de M. Otto-lenghi : « L'État neutre n'est point responsable s'il n'est pas en état de réprimer l'invasion d'une armée belligérante par suite de l'insuffisance ou de la mauvaise organisation de ses forces militaires ; il ne l'est pas davantage s'il a négligé d'opposer matériellement une résistance convenable, à raison de son infériorité manifeste (1) ». Il serait en effet, en pareil cas, impossible de voir dans l'inaction du neutre, un désir de favoriser l'un ou l'autre des belligérants.

Tel est, dans l'état actuel de la législation internationale, le droit commun des États pacifiques : « Aujourd'hui, dit M. De Bustamante, la neutralité ne dépend plus de l'intérêt des belligérants, ni de leurs nécessités militaires ; elle est fondée sur les intérêts pacifiques de la communauté universelle dont les exigences vont sans cesse croissant, et sur le droit des états non-combattants au maintien de leurs prérogatives naturelles malgré le conflit (2) ».

CHAPITRE II

Des conventions spéciales ou traités peuvent modifier sur certains points la situation juridique des neutres. Parmi les différents types de neutralité que nous offre l'Europe contemporaine, celui que le traité de 1839 a consacré pour la Belgique doit spécialement attirer notre attention.

La neutralité belge est une neutralité permanente garantie.

Elle est permanente; et c'est une première dérogation au droit commun, en ce sens que la Belgique a pris vis-à-vis des Puissances l'engagement formel d'observer une stricte et impartiale abstention dans les conflits européens. C'est une obligation qui n'implique d'ailleurs aucune restriction à notre souveraineté. Mais elle nous fait un devoir de garder une attitude qui, pour les États libres de toute convention spéciale, est purement facultative.

La neutralité belge est garantie par les Puissances. Celles-ci ont non seulement le devoir de respecter l'inviolabilité de nos frontières, mais de la défendre contre quiconque tenterait d'y

---

(1) *Loc. cit.*
(2) *Loc. cit..*

1.1

porter atteinte. L'obligation de garantie est la contre-partie de l'obligation de neutralité permanente qui nous incombe.

Tenant compte de cette double caractéristique, il faut voir maintenant dans quelle mesure les principes généraux édictés par la Conférence de La Haye, 1907, sont applicables à la Belgique.

§ 1. L'inviolabilité du territoire constitue pour la Belgique un droit indéniable. Il est vrai que le traité de 1839 n'a pas explicitement formulé ce principe. Article 7 : « La Belgique, dans les limites indiquées aux articles 1, 2 et 4, formera un État indépendant et perpétuellement neutre. » On en a voulu conclure que les Puissances avaient dans cette dernière rédaction comme dans celle du traité des XXIV articles, renoncé à garantir l'inviolabilité de notre territoire. Mais, comme l'observe très bien M. Descamps dans son magistral ouvrage sur *La Neutralité de la Belgique*, « rien, ni dans les protocoles ni dans les correspondances diplomatiques, ne permet d'affirmer que les dispositions des Puissances se soient modifiées en ce qui concerne la garantie (1). » Comment la Belgique eût-elle accepté sans protestation une pareille dégradation du système primitif? Nous nous trouvons, en réalité, comme l'a encore très bien démontré M. Descamps, en présence d'une formule beaucoup plus large et générale que celle de la première rédaction et qui par conséquent rendait inutile une précision relative au territoire:

Le protocole n° 19 du 19 février 1831 contenant l'exposé des motifs du système suivi par la Conférence de Londres, démontre en outre que les Puissances ont attaché au principe de l'inviolabilité un sens identique à celui qui a été consacré par la Conférence de La Haye, 1907.

« Les plénipotentiaires des cinq cours... déclarent :...

» 3° Que le principe de la neutralité et de l'inviolabilité du territoire belge, dans les limites ci-dessus mentionnées, reste en vigueur et *est obligatoire pour les cinq Puissances*. »

Nous pouvons donc affirmer que les traités constitutifs de notre indépendance avaient assuré à la Belgique des droits égaux

---

(1) P. 534.

1.1

à ceux que la Conférence de La Haye a reconnus à tous les États neutres.

L'inviolabilité de nos frontières présente cette seule différence avec la situation de droit commun qu'elle jouit en outre de la garantie formelle des Puissances.

Les circonstances actuelles font un devoir de rappeler ici ces droits de la Belgique. Il est d'une indigne et dangereuse politique de les contester ou de les dédaigner pour obtenir la réalisation de fins immédiates. « Rien, à mon sens, de plus fâcheux, de plus démoralisant, disait M. Beernaert à la Chambre des Représentants, le 27 février 1894, que de voir mettre le droit en question par ceux-là mêmes qui devraient éventuellement l'invoquer. » Quelque confiance que l'on mette dans nos forces, la sauvegarde suprême de notre indépendance est dans ces droits. Il nous sied mal, à nous Belges, de faire fi des droits que la loyauté des Puissances a su respecter pendant plus de quatre-vingts ans.

§ 2. La garantie donnée par les Puissances constitue un avantage exceptionnel. Il a sa contre-partie dans le devoir pour la Belgique de garder à perpétuité une abstention impartiale dans les conflits européens. Mais la permanence n'ôte en rien à la Belgique le droit de se défendre. C'est un droit que les Puissances lui ont formellement reconnu et que le Congrès national, au cours de la discussion du traité des XVIII articles, a hautement revendiqué.

Suivant le procédé d'inversion propre à ceux qu'inspire le principe de la prépondérance des belligérants, ou certaines vues politiques, on a voulu faire de ce droit une obligation internationale.

Cette obligation, nous l'avons dit, ne saurait être déduite du statut général de la neutralité. On s'attache surtout à la fonder soit sur la persistance de certaines conventions antérieures au traité de 1839, soit sur la garantie des Puissances dont elle constituerait une contre-partie nécessaire.

A. Le Congrès de Vienne de 1815, en fondant le Royaume des Pays-Bas, avait fait de nos provinces une barrière contre les envahissements de la France. Le caractère essentiel de cette barrière était d'être unilatérale, c'est-à-dire exclusivement dirigée contre une seule Puissance.

1.1

La Révolution de 1830 prouva que l'amalgame des deux peuples était irréalisable. « Il n'appartenait pas aux Puissances, dit le Protocole n° 19 du 19 février 1831, de juger les causes qui venaient de rompre les liens qu'elles avaient formés. Mais, quand elles voyaient ces liens rompus, il leur appartenait d'atteindre encore l'objet qu'elles s'étaient proposé en les formant. Il leur appartenait d'assurer, à la faveur de combinaisons nouvelles, cette tranquillité de l'Europe dont l'Union de la Belgique avec la Hollande avait constitué une des bases. Elles avaient le droit, et les événements leur imposaient le devoir d'empêcher que les provinces belges, devenues indépendantes, ne portassent atteinte à la sécurité générale et à l'équilibre européen. » La neutralité permanente et garantie répondait pleinement à ce but. Elle succéda au système de la barrière dans les combinaisons internationales destinées à assurer la paix de l'Europe.

C'est néanmoins sur la persistance du système de la barrière, que l'on se fonde pour établir les prétendues obligations de la Belgique en ce qui concerne la défense de son territoire. On a invoqué des paroles ambiguës, certains documents qui parlent d'imposer à la Belgique le respect des traités antérieurs.

Il est très vrai que plusieurs protocoles de la Conférence de Londres révèlent quelques oscillations entre les deux systèmes. Comment en eut-il été autrement? Le système de la barrière était vieux de plus d'un siècle, il semblait indissolublement lié au maintien de la paix européenne. Il était naturel d'en voir persister le souvenir dans l'élaboration d'une combinaison nouvelle.

D'ailleurs ce souvenir ne tarda pas à s'effacer devant la réalisation de toutes les espérances que les Puissances avaient fondées sur le système de la neutralité permanente. Rien de plus significatif à ce point de vue que l'histoire de la fameuse convention des forteresses du 14 décembre 1831. Elle fut conclue à Londres sans la participation de la France et avait pour objet la démolition d'un certain nombre de forteresses qui constituaient l'ancienne barrière, et que l'inviolabilité unanimement admise du territoire belge avait rendues inutiles. Mais d'autre part, elle stipulait le maintien d'autres forteresses que S. M. le Roi des Belges devait s'engager à entretenir constamment en bon état. L'exclusion de la France donnait à cette convention une portée analogue à celle du traité de la Barrière. Comme elle se trouvait liée au traité principal, la ratification en fut d'abord retardée jusqu'en 1839 ; elle subit depuis de nouvelles remises, si bien que la Convention des forteresses n'a jamais été soumise à l'approbation du pouvoir législatif. Les Puissances ont renoncé à en exiger la ratification. Ce désistement révèle de la façon la plus évidente l'abandon de l'ancien système de la barrière. « L'insistance des cours du Nord, dit M. Descamps, à faire produire au régime nouveau, dans la plus large mesure possible, les fruits du régime ancien, est certes fort explicable... Les mesures de réserve, auxquelles ces cours jugèrent expédient de recourir avaient leur source dans l'incertitude où l'on pouvait se trouver, dans les circonstances d'alors, touchant le fonctionnement normal de notre Constitution internationale, et dans la résistance naturelle à abandonner, dans ces conditions, des gages stipulés à bon escient et accidentellement compromis. Elles répondaient à ce que l'on pourrait appeler la phase de probation de notre vie nouvelle. La pratique loyale par la Belgique d'une neutralité vraiment indépendante devait en avoir raison (1). »

Non seulement la Convention des forteresses est dépourvue de tout caractère obligatoire, mais il serait absolument erroné d'y voir l'expression de la volonté essentielle et permanente des Puissances. Elle impliquait la conservation partielle d'un système défensif dirigé contre la France. Les circonstances actuelles ne justifient plus de telles appréhensions ; avec elles ont disparu les motifs qui avaient inspiré ces dispositions.

On évoque néanmoins parfois la convention des forteresses pour y découvrir la source d'une obligation internationale de la Belgique concernant ses armements. Mais ce fantôme juridique n'a pas même le mérite de répondre d'une façon exacte aux fins pour lesquelles on l'a tiré de l'oubli. Il n'est plus question, en effet, d'obliger la Belgique à créer un rempart solide garantissant l'Europe contre le premier choc d'une nation envahissante. On nous a découvert une obligation autrement grandiose. Le traité de 1839 nous aurait imposé la tâche de garantir la paix européenne en opposant une résistance adéquate à toute Puis-

---

(1) *Op. cit.*, p. 279 et suivantes.

1.1.

sance qui tenterait d'envahir notre territoire : il nous aurait constitués les gendarmes de l'Europe ! Cette conception de notre rôle n'a rien à voir avec le système de la barrière, et pour la défendre on eût pu s'épargner la peine d'exhumer une convention mort-née. Le traité de 1839 ne contient pas trace d'une pareille obligation.

La Belgique n'a point d'obligation internationale quant à sa défense. « Le sol belge, comme le disait le *Moniteur* du 25 mars 1832, a été libéré de toutes les servitudes de droit public que les vainqueurs de 1815 avaient imposées. » C'est en pleine indépendance et selon des intérêts dont elle est seule juge, que la Belgique organise ses forces militaires. Au lieu de nous imposer une obligation incompatible avec notre souveraineté et qui eût détruit l'harmonie du régime nouveau lui-même, les Puissances ont fait crédit à la sagesse de notre nation. L'observation loyale de notre neutralité a su dissiper les défiances de la première heure.

B. On a voulu trouver dans la clause de garantie des Puissances une autre source d'assujettissement pour la Belgique. Le concours des Puissances en cas de violation du territoire belge serait subordonné à l'exécution de certaines obligations concernant notre organisation militaire. Cette conception enlève toute valeur à la garantie. En effet, aucun traité n'ayant prévu les limites de cette prétendue obligation, l'intervention des Puissances ne dépendrait que de leur bon plaisir. C'est, juridiquement parlant, affecter l'obligation des Puissances d'une condition potestative pure, et par conséquent la réduire à néant. C'est, d'autre part, convertir la garantie en un instrument de pression perpétuelle, en un protectorat incompatible avec notre indépendance.

Les traités ont fait de la garantie le complément, la sanction inséparable du principe de l'inviolabilité. Cette inviolabilité est pour nous un droit absolu, inconditionnel. La sanction que les Puissances y ont attachée doit avoir le même caractère.

On s'est efforcé, malheureusement surtout en Belgique, d'affaiblir la valeur de cette garantie. On semble oublier qu'il y a contre la Patrie d'autres crimes que l'antimilitarisme, et qu'il est plus coupable encore de nier ou de contester ses droits. La violation du territoire neutre et garanti par les Puissances

1.1

constituerait, suivant l'expression de M. Descamps, un crime de haute félonie internationale. C'est préparer ce crime et y joindre une trahison envers la Patrie que de mettre en doute les droits essentiels et les plus sacrés de la Belgique.

Les Puissances ont maintes fois protesté de leur fidélité au devoir de garantie qui leur incombe. Les paroles que Gladstone prononçait en 1870 sont dans toutes les mémoires. Se plaçant dans l'hypothèse d'une annexion de la Belgique, « Le jour, s'écriait-il, qui verrait s'accomplir cette annexion sonnerait le glas du droit public, dè la loi internationale en Europe ! L'Angletrerre assisterait-elle en paisible témoin à la perpétration du crime le plus odieux qui aurait jamais souillé les pages de l'histoire et deviendrait-elle complice du forfait ? »

Récemment encore, un général allemand d'artillerie affirmait dans un article du journal allemand *Der Tag*, que l'Allemagne n'a aucunement l'intention, en cas de guerre contre la France, de violer notre frontière et celle de la Hollande, à moins que l'attitude de la France ne l'y oblige. Un journal belge émettait à ce sujet, une réflexion fort juste : « Il n'y a pas de raison pour que la France ne prenne pas vis-à-vis de la Belgique, les mêmes engagements d'honneur que croirait pouvoir souscrire l'Allemagne... Il nous semble qu'une pareille déclaration peut d'autant moins nous être refusée, qu'elle est en somme la consécration pure et simple des devoirs et des droits existants. »

Nous avons traité le problème de l'inviolabilité des territoires neutres à un point de vue purement juridique. Les principes que nous venons de rappeler ont subi assez d'atteintes pour nous garder de toute illusion sur leur puissance de réalisation. Ils ont aussi remporté des triomphes assez durables et éclatants pour nous inspirer une sage confiance dans l'avenir. L'existence heureuse et prospère de la Belgique est le plus beau témoignage des progrès du droit public international dans les temps modernes.

RÉSOLUTIONS

I. — Fondé sur le droit de souveraineté des États pacifiques, le principe de l'inviolabilité du territoire des Puissances neutres impose aux Puissances belligérantes une obligation absolue. Il s'ensuit que la responsabilité d'une violation d'un territoire neutre retombe tout entière sur la Puissance envahissante.

II. — Le principe de l'inviolabilité des territoires neutres constitue une loi de la guerre. A ce titre, il oblige non seulement les gouvernements des Puissances belligérantes, mais les chefs responsables de leurs armées. La violation de cette loi donne ouverture au droit de représailles.

III. — Les Puissances souveraines restées fidèles à l'attitude d'abstention impartiale, base de la neutralité, n'encourent en cas de violation de leur territoire, aucune responsabilité internationale, soit à raison de l'organisation militaire qu'elles ont jugé bon d'adopter, soit à raison de la résistance effective qu'elles ont opposée aux envahisseurs.

IV. — La Belgique jouit de tous les droits reconnus par la Conférence de la Paix de 1907, aux Puissances neutres. Le caractère permanent de sa neutralité et la garantie que les Puissances, par une juste compensation, ont attachée à ses droits, ne mettent aucun obstacle à l'application intégrale du droit commun de la neutralité à la Belgique.

1.1

Premier Congrès National de la Paix (1913)

2. — LA PAIX ET L'ÉDUCATION

Ce que la Fédération Générale des Instituteurs Belges, et partant l'Ecole communale, a fait en Belgique pour orienter l'enseignement et les directions éducatives vers les idées de paix et de fraternité internationale

RAPPORT

PRÉSENTÉ PAR

M. J. WINNENS

au nom de la Fédération Générale des Instituteurs belges

Fondée en 1857 par quelques instituteurs sortis de l'Ecole normale de Lierre, pour la plupart en fonction dans les faubourgs de Bruxelles, la F. G. des I. B. a toujours agi, en dehors de toute action officielle, pour le choix des questions, les solutions proposées et discutées dans ses différentes assemblées, car elle voulait montrer, et elle le veut encore, qu'elle est un organisme libre.

En parcourant les discussions qui eurent lieu dans les Congrès annuels, on peut constater avec satisfaction que les instituteurs sont des hommes tout dévoués aux idées de paix et de fraternité. Ils en donnent les preuves par leur enseignement des matières à inculquer dans les cerveaux des enfants, principalement dans les leçons d'histoire, de géographie, de sciences et de morale.

L'apparition, en 1861, du journal pédagogique *Le Progrès*, publié par la Société Centrale des Instituteurs affiliés à la Fédération Générale, étendit fortement le cadre d'action des membres du personnel enseignant des écoles primaires communales.

Cette revue fut pour ainsi dire l'organe de notre Fédération par la publication des comptes rendus des réunions et assemblées ; de plus, elle ouvrit largement ses colonnes aux idées de paix et de fraternité.

Des extraits du *Bulletin de la Paix*, organe de la Société des Amis de la Paix, de nombreux articles sous des titres divers, des lettres-correspondances relatives à la Paix universelle, etc., sous la signature d'une pléiade d'hommes qui secondèrent les efforts de l'apôtre que fut Frédéric Passy, parurent dans *Le Progrès*.

On devine facilement les heureuses conséquences de tous ces articles en faveur de la Paix. Les membres de la F. G. des I. B. les savourent avec délices.

A chaque Congrès étaient déposées, sur une grande table à l'entrée de la salle, plusieurs centaines de brochures à la disposition de l'assemblée, offertes par la Société des Amis de la Paix.

Au premier congrès tenu après la réorganisation de la Fédération, à Bruxelles (réunion des instituteurs flamands et wallons), en 1871, une troisième journée fut consacrée à une brillante conférence sur la Paix, par M. Frédéric Passy, le secrétaire général de la Ligue internationale et permanente de la Paix. Les discours éloquents qui y furent prononcés ont porté leurs fruits dans nos écoles, où les sentiments de douceur y faisaient alors de rapides progrès.

M. Frédéric Passy était heureux de le constater car, dans son *Bulletin de la Paix*, de juillet 1873, énumérant quelques-unes des forces et des espérances de sa puissante association pacifiste, il imprimait cette phrase glorieuse pour notre patrie et aussi pour notre Fédération :

« Avec les Auguste Visschers, les Rolin-Jacquemyns, les Couvreur, les de Laveleye, les Goblet d'Alviella ; avec ces vaillants instituteurs fédérés, la Belgique ne manquera pas d'hommes pour appuyer nos efforts. »

En 1873, au Congrès d'Anvers, dans son assemblée plénière des sections réunies, la F. G. des I. B. a déclaré solennellement et à l'unanimité, qu'elle adhérait aux statuts de la Société des Amis de la Paix.

2.1

Au repas fraternel qui termina ce congrès, un toast vivement applaudi a été porté aux noms cités plus haut et à MM. Frédéric Passy, Henry Richard, Miles, Henry Bellaire, Van Eck, à tous les nobles cœurs, à toutes les hautes intelligences qui, dans les Deux Mondes, s'évertuaient à faire primer le droit sur la force, à détruire la puissance du canon.

Prenant directement fait et cause pour la Paix, notre Fédération discuta, à son Congrès de 1879, la question : *Que peut faire l'Ecole primaire pour développer la Fraternité entre les peuples?*

Tels sont, Mesdames et Messieurs, en résumé, les premiers efforts réalisés par notre Fédération en faveur des idées généreuses que vous propagez et défendez avec tant de courage, de vaillance et d'abnégation.

Je passerai sur la suite, car ce serait trop long, pour ne retenir votre bienveillante attention que sur nos travaux pacifistes accomplis dans les dernières années.

En 1905, à l'occasion du Congrès international de l'Enseignement primaire, tenu à Liége, on étudia la question : *Ce que l'école peut faire pour amener la fraternité des peuples et la Paix universelle.* Après une longue et très intéressante discussion à laquelle prirent part les délégués des différents pays représentés, M. Rossignol, qui fut le rapporteur général de la question, rédigea des conclusions qui furent adoptées et que je crois utile, vu leur grande importance, de reproduire ici :

« *A. — Dispositions générales.*

» Adhérer au programme de la Société de l'Éducation pacifique, fondée à Croisilles (Pas-de-Calais), par Mlles Marguerite Bodin et Madeleine Carlier, institutrices, programme dans lequel on trouve les principes suivants qui doivent inspirer et diriger le travail de l'éducation :

» 1. Faire comprendre à l'enfant qu'il n'y a pas deux morales, une pour les nations et une pour les individus.

» 2. Pénétrer l'enfant du sentiment de la fraternité humaine envers tous les peuples de la terre sans distinction de race, de couleur, de croyances.

» 3. Lui inculquer le respect de la vie, non seulement le respect de la vie humaine, mais aussi celui de la vie des animaux, cherchant ainsi à abolir l'instinct de la destruction et à faire sentir le caractère odieux de la guerre.

2.1

» 4. Enseigner aux enfants, avec le sentiment de ses devoirs
» et de sa dignité, le respect des droits et de la dignité des autres.

» 5. Pénétrer l'enfant de l'idée de justice et lui faire compren-
» dre que l'amour de la patrie n'est pas opposé à l'amour de
» l'humanité.

» *B. — Dispositions spéciales :*

» 1. Célébrer dans les écoles les deux fêtes de la Paix : celle
» du 22 février, qui est proprement la fête universelle de la Paix,
» et celle du 18 mai en commémoration de l'ouverture de la Con-
» férence de La Haye (comment on les célébrera).

» 2. Organiser des voyages d'écoliers et surtout d'adultes et
» de normaliens à l'intérieur du pays et à l'étranger, de façon à
» créer de bons rapports entre étudiants de localités et même de
» pays différents.

» 3. Favoriser les échanges internationaux d'écoliers, soit
» pendant le cours des études, soit pendant les vacances.

» 4. A l'école normale, à l'école d'adultes et à l'école pri-
» maire, encourager la correspondance internationale.

» 5. Faire pratiquer l'arbitrage pour la résolution des diffé-
» rends qui s'élèvent entre écoliers.

» *C. — Programmes :*

» Dans la rédaction des programmes d'enseignement à tous
» les degrés, on s'inspire des idées pacifiques et notamment :

» *a)* Dans l'enseignement de l'histoire, on s'attache moins
» aux faits militaires, l'histoire bataille, mais on accorde plus
» d'importance à l'exposé des faits et des idées de civilisation,
» de manière à faire comprendre que la liberté, l'indépendance,
» la sécurité et le bien-être dont nous jouissons sont les fruits
» du travail accumulé par les générations qui nous ont précédés ;
» ainsi le couronnement de l'enseignement historique sera une
» grande leçon de solidarité humaine qui, en faisant saisir tout
» ce que nous devons de reconnaissance aux générations éteintes,
» nous enseigne aussi notre devoir envers les générations à venir.

» *b)* Dans l'enseignement de la géographie, on insiste sur la
» nécessité des échanges internationaux pour les produits natu-
» rels, industriels et même pour les productions de l'intelligence ;
» on montre que c'est à ces échanges, nécessaires, que l'homme

2.1

» doit tout le confort et toutes les satisfactions intellectuelles
» et artistiques dont il jouit, et que cette nécessité est aujour-
» d'hui impérieuse.

  » c) Dans l'enseignement des sciences, on fait comprendre
» que les études et les découvertes des savants de tous les pays
» ont eu pour résultat de répandre plus de bien-être, de défier
» les fléaux et d'assurer une vie plus longue et moins tourmentée
» de maux.

  » d) Dans l'enseignement de la morale, on s'inspire de cette
» idée, que l'amour de la patrie peut être sincère sans être hai-
» neux ni agressif, et qu'il n'exclut nullement l'amour de l'hu-
» manité.

  » e) Enfin, dans l'enseignement normal, une place est réservée
» dans les programmes, à l'étude des idées pacifiques et à l'ex-
» posé des efforts tentés par les nations civilisées pour résoudre
» par l'arbitrage les conflits internationaux. (d et e ont été pris
» dans les conlusions des Congrès de la Ligue de l'Enseignement,
» Amiens, 1904 et 1905.) »

En la même année 1905, au même Congrès, on étudia et on résolut affirmativement la question : *N'y a-t-il pas lieu d'instituer un Bureau International de Fédérations d'Instituteurs?* L'une des raisons invoquées en faveur de la solution affirmative était ainsi libellée : « Le Bureau nouera des liens d'étroite amitié et de solidarité internationale dont tous les instituteurs sentent le besoin. C'était au précepte, joindre immédiatement l'acte.

Les congressistes se séparèrent après avoir voté unanimement le vœu formulé comme suit par le rapporteur :

Que les instituteurs primaires présents au Congrès International de Liége prennent l'engagement de se faire, de retour dans leurs patries respectives, les apôtres convaincus de la fraternité des peuples et de la Paix universelle.

Au Congrès d'Arlon, en 1906, le président de la F. G. des I. B. traita très longuement, dans son discours d'ouverture, de la Paix et du mouvement pacifiste.

En 1909, tous les cercles cantonaux de la F. G. des I. B. ont envoyé au Parlement belge des pétitions pour demander que dans les écoles communales on célèbre les deux fêtes de la Paix, 22 février et 18 mai ; cela se fait dans un très grand nombre de nos écoles, par autorisation ou décision des magistrats communaux, et des Échevins de l'instruction publique, sous l'inspiration des sentiments exprimés en différentes circonstances, ont donné, par voie de circulaires, des conseils pour la célébration de la Fête de la Paix.

———

Premier Congrès National de la Paix (1913)

2. — LA PAIX ET L'ÉDUCATION

Pacifisme. Ecole primaire. Ecole normale

RAPPORT

PRÉSENTÉ PAR

M. CH. ROSSIGNOL

Président du Bureau International des Fédérations d'Instituteurs

Lorsqu'en 1888, l'Anglais William Randal Crémer se fut mis en relations avec Frédéric Passy, on put dire que se trouva réalisée l'union de deux intelligences qui devaient faire sortir le pacifisme de la voie nébuleuse et facilement criticable pour entrer dans la voie de l'observation des faits.

Crémer était l'Apôtre qui, en 1871, avait fondé la *Société ouvrière de la Paix*, laquelle devint plus tard « The International Arbitration League ». Nommé membre du Parlement anglais en 1885, il traversa l'Atlantique en 1887 pour présenter au Congrès américain son projet de traité d'arbitrage entre l'Angleterre et les États-Unis d'Amérique.

Frédéric Passy, d'une haute culture scientifique, très versé dans les questions d'économie politique, maître de la parole et de la plume, pouvait par conséquent influencer les milieux que Crémer n'avait pu atteindre.

On peut dire que du moment où fut accomplie la réunion de ces deux hommes, le pacifisme marcha rapidement vers son stade scientifique. Les économistes, les sociologues, les juristes du droit international, les parlementaires, les éducateurs se mirent à étudier la *science* de la paix, car elle touche à tous les domaines représentés par ces divers collaborateurs ; elle a donc un aspect économique, un aspect juridique et un aspect éducatif.

C'est exclusivement au point de vue de l'éducation de la jeunesse que nous entendons examiner la question dans le présent rapport.

Nous ne nous proposons cependant pas de rappeler ici ce qui, dans le sens de la paix et de la fraternité internationales, a déjà été accompli ou simplement voté dans les assemblées d'instituteurs et particulièrement dans les congrès annuels de la *Fédération Générale des Instituteurs Belges*. Nous savons qu'un membre autorisé de l'intéressante fraternité des éducateurs belges a été chargé de présenter un exposé des propositions votées et des desiderata exprimés auxquels il conviendrait que les pouvoirs publics voulussent bien donner une sanction.

Nous nous inspirerons de ce qui a été proposé et de ce qui a été réalisé par d'autres nations dans le domaine de l'éducation. C'est vers la grande république des États-Unis d'Amérique que nous orientons nos pensées. Prononcer les noms de Mac Kinley, de Roosevelt, de Taft, de Wilson, n'est-ce pas évoquer le souvenir de chefs d'État qui ont, avec raison, été regardés comme les plus fermes soutiens de la Paix? La puissante République n'est-elle pas le pays où les autorités d'éducation cherchent à orienter sûrement les puissances productrices de l'homme vers les œuvres de civilisation et de progrès par un enseignement pacifiste qui commence à l'école primaire, se continue à l'école secondaire et s'achève à l'université? C'est bien aux États-Unis d'Amérique que l'on trouve les sociétés pacifistes les plus richement dotées, celles, par conséquent qui peuvent, par leur puissante organisation et leur incessante propagande, passer aux réalisations sérieuses et durables.

Il y a deux ans, Mme Fannie Fern Andrews, de Boston, secrétaire générale de *The American School Peace League*, a composé un cours d'enseignement moral arrangé pour les huit années que comporte l'enseignement primaire aux États-Unis. L'auteur constate d'abord que *la paix parmi les nations* cela ne fait pas partie des concepts de l'enfant et que la base la plus sérieuse de la paix tout court c'est l'*esprit de bonne volonté*. Si nous parvenons donc à éveiller l'esprit de bonne volonté chez les enfants au cours des années d'école, nous préparerons plus sûrement la paix parmi les nations. La bienveillance chez les petits enfants s'exprime surtout par la bonté et l'assistance à la maison et à l'école ; plus tard, elle s'exerce à l'égard des habitants du quartier, de la ville que l'on habite ; en avançant en âge, l'enfant meuble plus complètement son cerveau, ses conceptions prennent plus d'étendue, il devient déjà un membre de la nation et prend peu à peu connaissance des liens qui l'attachent à son pays et des devoirs de justice, de loyauté, de bonté qui l'obligent envers les autres ; enfin le jeune homme, plus complètement instruit, en arrive à comprendre la grande loi de solidarité qui unit tous les hommes, rattache le présent au passé et à l'avenir et détermine ses obligations à l'égard de tous ceux qui sont, de ceux qui ont été, de ceux qui seront.

Donc, un cours de morale qui, par des exemples pris successivement dans la famille, l'école, la cité, le pays, la grande famille humaine montrerait comment, dans ces divers milieux, sont tracés et doivent s'exercer les devoirs de justice, de loyauté, de bonté contribuerait éminemment à préparer l'ère de paix et de fraternité qu'il n'est pas téméraire d'entrevoir.

Nous donnons ci-dessous, le programme de morale tracé par Mme Andrews, et suivi dans la plupart des écoles de l'État de Massachussetts.

* * *

D'abord sentiment très généreux et assez vague comme manifestation, espèce de thème souvent pioché par les poètes et les paroliers de romances sentimentales, le pacifisme devint doctrine ; on peut dire qu'il a aujourd'hui tous les caractères d'une science. Les questions dont il s'occupe sont déterminées par les faits d'ordre économique et politique ; les solutions qu'il propose prennent appui dans l'observation et l'interprétation de ces mêmes faits. Il n'y a donc aujourd'hui nulle raison de se laisser influencer exclusivement par des considérations purement sentimentales pour résoudre les problèmes que pose le pacifisme ; sans négliger absolument ces considérations sentimentales, il

	I AMIS ET COMPAGNONS DE JEU	II VIE FAMILIALE	III ÉCOLE ET RÉCRÉATION	IV NOTRE VILLE OU CITÉ	V FAITS ADMIRABLES DES CITOYENS	VI NOTRE PAYS	VII LA FAMILLE MONDIALE	VIII VICTOIRE DANS LE SERVICE
SEPTEMBRE	Douceur envers les animaux.	Assistance.	Loyauté.	Le foyer.	Sympathie.	Loyauté dans la famille.	Empire sur soi-même : l'Indien américain.	Notre besoin des uns des autres.
OCTOBRE	Sincérité.	Obéissance.	Persévérance.	L'école.	Intrépidité.	Loyauté à l'école.	Esprit et humour : l'Irlandais.	Le combat contre la maladie.
NOVEMBRE	Propreté et soin.	Probité dans le travail.	Occasions de rendre service.	Parcs et plaines des jeux.	Courage pour surmonter les difficultés.	Loyauté envers les amis et les voisins.	Loyauté : le Juif.	Le combat pour l'alimentation pure.
DÉCEMBRE	Bienveillance à l'occasion de la Noël.	Reconnaissance.	Contrôle de soi-même.	Corps des pompiers et de police.	Persévérance.	Loyauté envers la cité et l'État.	Amour de la beauté : l'Italien.	Le combat pour la propreté des rues.
JANVIER	Bienveillance envers les compagnons de jeu.	Les autres foyers que le nôtre.	Respect de l'autorité.	Santé publique.	Dévouement.	Loyauté envers la nation.	Patriotisme : le Grec.	Le combat pour un bon gouvernement.
FÉVRIER	Bonté des grands hommes.	Enfance de grands hommes.	Le jeu honnête.	Gouvernement par le peuple.	Honnêteté.	Les colons nationaux.	Application : l'Allemand.	Éducation pour le service public.
MARS	Générosité.	Tenez votre parole.	Le bon travail.	Obéissance aux ordonnances de la cité.	Héros en vie.	Les coutumes étrangères dans notre pays.	Industrie : le Scandinave.	Les récréations chez les diverses nations.
AVRIL	Gentillesse de manières.	Assistance aux vieillards et aux faibles.	Bonne humeur dans la défaite et la non réussite.	Loyauté envers les magistrats de la cité.	Les héros de chaque jour.	La signification de E Pluribus Unum.	Courtoisie : le Français.	Les drapeaux nationaux.
MAI	Disputer et faire la paix.	Paix parmi les enfants.	Paix sur la plaine des jeux.	Bienveillance envers les citoyens.	Héros de la paix.	Amitiés avec les autres nations.	Les Conférences de La Haye.	Les substituts moraux de la guerre.
JUIN	Bonté envers la nature.	La règle d'or.	Coopération.	Comment nous pouvons aider notre cité.	Héros dans notre entourage.	Comment nous pouvons servir notre pays.	Caractéristique des diverses nations.	Le monde uni (les États-Unis du Monde).

faut avant tout envisager l'organisation sociale et la loi de progrès par la justice et la liberté.

Il y a donc un véritable enseignement du pacifisme, et cet enseignement il convient de le donner à ceux qui ont la charge de l'éducation. C'est à l'école normale, aux élèves instituteurs, aux élèves institutrices qu'il faudra d'abord le donner. Faute de cet enseignement, les guides de la jeunesse pourraient se ranger ou parmi les outranciers ou parmi les adversaires du pacifisme.

La nécessité de cet enseignement étant proclamée, il convient de rechercher comment il pourrait être organisé.

D'abord reconnaissons qu'il y a un enseignement indirect et un enseignement direct.

L'enseignement indirect, mais il se trouve dans les cours de littérature, de morale, d'histoire, de géographie. Il consiste dans l'orientation de ces cours vers la solidarité, la justice, la collaboration et la fraternité internationales ; tous ces cours peuvent enseigner occasionnellement qu'on doit honorer les héros de tous les pays, ils peuvent servir à montrer comment chaque nation a contribué au trésor commun de la science humaine et au progrès de l'organisation sociale.

L'enseignement direct débuterait par un aperçu historique du pacifisme, le montrant passant par les trois stades : sentiment, doctrine, science. L'exposé des grands problèmes et des solutions proposées donnerait l'occasion de montrer les côtés politique, juridique, économique et éducatif de la question. Enfin, la connaissance des œuvres et des organismes pacifiques compléterait l'enseignement en donnant une idée de l'activité des pacifistes et des sentiments de solidarité et de fraternité internationales qui les inspirent.

Entrer dans les détails de l'organisation matérielle de cet enseignement est un point qui ne rentre pas dans le cadre des travaux du congrès. Toutefois, il est permis de suggérer que cet enseignement pourrait être rattaché au cours de morale qui se donne dans les écoles normales, et que par des discussions entre normaliens, par l'examen critique des questions, on rencontrerait les principales objections que l'on fait au pacifisme. Nous devons non seulement montrer que la guerre est une insanité au point de vue moral et une grossière absurdité au point de vue écono-

2.2

, mique, mais nous en sommes encore à devoir réfuter les erreurs des adversaires et aussi les exagérations des outranciers du pacifisme. L'exposé de la doctrine et l'examen des questions à la lumière de la justice, de la raison et du sentiment aideraient à dissiper les erreurs et les conceptions outrancières.

CONCLUSIONS

I. — *Il est désirable d'introduire à l'école primaire un cours de morale qui, par des exemples pris successivement dans la famille, l'école, la cité, le pays, la grande famille humaine montrerait comment, dans ces divers milieux, sont tracés et doivent s'exercer les devoirs de justice, de loyauté, de bonté.*

II. — *A l'école normale, le cours de morale donné aux élèves instituteurs et aux élèves institutrices comportera un exposé du pacifisme comprenant notamment : un aperçu historique, un exposé des grandes questions, l'étude des œuvres et des organismes déjà existants.*

Premier Congrès National de la Paix (1913)

2. — LA PAIX ET L'ÉDUCATION

Ce que les Universités Populaires peuvent faire pour contribuer à la propagation des idées de paix et de fraternité internationale

RAPPORT

PRÉSENTÉ PAR

M. CH. ROSSIGNOL

au nom de la Fédération des Universités Populaires
de Belgique

Les U. P. par le but qu'elles se sont proposé et par l'allure qu'elles ont su donner à leur fonctionnement, doivent être considérées comme des œuvres d'enseignement complémentaire. Elles sont surtout destinées à mettre leurs auditeurs au courant des grandes questions qui constituent l'actualité utile à connaître. Il faut aussi constater que dans le choix des sujets qui forment leur enseignement, elles ont su éviter l'écueil des exposés donnant lieu à des controverses philosophiques, politiques, religieuses. Certaines des questions qui marquent un pas en avant vers plus de civilisation y ont été exposées par des hommes spécialement qualifiés ; citons les questions suivantes : 1. l'instruction contradictoire en matière répressive ; 2. les tribunaux d'en-

fants ; 3. le canal de Bruxelles au Rupel ; 4. l'antialcoolisme ;
5. la guerre des Balkans.

De toutes les questions qui peuvent intéresser, il en est peu
qui présentent un caractère aussi pressant que la paix entre les
nations. Les problèmes qui se groupent autour de cette question
sont d'un caractère à la fois si angoissant et si urgent qu'on peut
dire qu'ils dominent toutes les autres préoccupations. Pourtant,
il faut le reconnaître, la question, dans son ensemble, n'est pas
encore bien comprise ; on en saisit bien les avantages sociaux et
économiques, mais beaucoup d'esprits se refusent à croire à la
possibilité du passage de l'époque de violence qui est encore
la nôtre à une époque de justice, et pour appuyer leur sentiment, ils invoquent l'état de guerre que nous subissons depuis
plusieurs années. Nous estimons que les U. P. feraient chose
utile et bien conforme au but qu'elles s'assignent en décidant
que *nombre de séances seront consacrées à des exposés relatifs à
la paix et aux problèmes qui s'y rapportent.*

* * *

Mais un exposé fait devant un auditoire si bien disposé qu'il
soit peut ne pas toujours porter les fruits qu'on en espérait. Le
rendement intellectuel pourrait être assuré dans une plus générale et plus complète mesure si l'auditoire, après la conférence,
après la lecture du résumé de celle-ci dans le bulletin, trouvait
encore une documentation plus complète, plus spéciale de certains problèmes dont s'occupe le pacifisme. Cette documentation,
on devrait la trouver dans la bibliothèque des U. P. Les conser-
vateurs de bibliothèque devraient donc prendre soin de constituer, à côté des rayons où s'alignent les ouvrages de voyages, de
littérature, d'art, de science, de philosophie, un rayon spécial
consacré au pacifisme.

*Il est donc désirable que les bibliothèques des U. P. puissent
mettre à la disposition des lecteurs des ouvrages exposant la doctrine pacifiste et les problèmes qui s'y rapportent.*

* * *

Les sociétés, les groupements pacifistes de toutes les nations
qui s'occupent plus spécialement de la propagande des idées,

2.3

sont reliés entre eux par un organe mondial. Cet ouvrage est rédigé en édition française, édition allemande, édition anglaise ; il est édité par le *Bureau permanent de la Paix, à Berne* ; il a pour titré *Le Mouvement pacifiste* et paraît en douze livraisons mensuelles formant annuellement un très intéressant volume de plus de 400 pages.

Le Mouvement pacifiste donne des aperçus sur la politique internationale considérée au point de vue de la paix, de la guerre, du travail parlementaire et de la situation économique des peuples ; il renseigne sur la propagande, la bibliographie et l'activité de tous les groupements du monde ; il contient des études intéressantes et très documentées sur les principaux problèmes de la *science de la paix* ; en un mot, il tient le lecteur au courant des activités, des faits, des études qui forment l'actualité du pacifisme.

Ajoutons que la rédaction en est assurée par un groupe de savants écrivains appartenant à toutes les nations de l'Europe et des pays d'outre-mer ; hommes qui, à une profonde connaissance des questions de droit, d'organisation sociale, d'économie politique, de travail parlementaire, de charges militaires, joignent un réel talent d'écrivain.

Pour notre pays, le prix de l'abonnement annuel est de 10 francs ; mais le journal est servi gratuitement à toute personne faisant partie d'un groupement pacifiste auquel elle consent une cotisation annuelle de 5 francs. *La Société belge de l'Arbitrage et de la Paix* ne voudrait-elle pas, aux U. P., accorder la même faveur qu'elle accorde aux membres individuels payant une cotisation de 5 francs ? Il nous semble que poser la question c'est la résoudre affirmativement.

Il est désirable :

1° *Que chaque U. P. adhère à « La Société belge de l'Arbitrage et de la Paix » moyennant une cotisation de 5 francs ;*

2° *Que la dite société fasse aux U. P. ainsi adhérentes le service de la revue* Le Mouvement pacifiste, *comme elle le fait à ses membres individuels payant une cotisation de 5 francs.*

* *

Dans nombre d'U. P., les femmes comptent parmi les membres assidus aux conférences, et elles ne restent pas étrangères aux

2.₃

suggestions utiles qui jaillissent des exposés faits par des conférenciers qualifiés. Dans les questions relatives à la guerre, aux armements, à la défense légitime d'un pays, n'ont-elles pas un mot à dire? même une action à exercer? Mais si elles restent isolées, elles sont sans influence. L'association, la collaboration sont les formes aujourd'hui indiquées pour faire aboutir les efforts pour obtenir un résultat tangible ; aussi, certaines femmes ont-elles compris la nécessité de l'union des efforts pour la lutte contre la violence puisqu'elles ont formé *L'Alliance belge des Femmes pour la Paix par l'Education*. Le titre de cette société indique suffisamment le genre d'action qu'elle veut exercer ainsi que le champ où cette action doit se manifester ; il ne nous paraît donc pas nécessaire d'entrer dans des détails sur les modes dont ce groupement manifeste son activité. Il nous suffira de dire que le siège social de cette « Alliance » est à Anvers, que la secrétaire générale, Mlle Hamer, habite rue Schul, 42, Anvers, et que des sections locales ont été formées à Bruxelles, à Nivelles, à Tirlemont, à Liége.

Nous pensons donc *qu'il est désirable que les U. P. prennent l'initiative de la formation de groupes locaux composés de femmes, groupes affiliés à « L'Alliance belge des Femmes pour la Paix par l'Education »*.

* * *

Évidemment, le désir de tout groupement pacifiste est de travailler à l'avènement d'une organisation internationale qui établisse une juridiction et un statut de droit international pour le règlement des conflits entre nations. Les deux premières conférences de La Haye n'avaient pas d'autre but en ordre principal. A la première conférence, la question de l'obligation de l'arbitrage fut écartée. A la seconde conférence, l'obligation fut votée, mais avec certaines restrictions qui permettront toujours de l'éluder quand il y aura intérêt à le faire. La question de l'obligation sans restriction reviendra à la troisième Conférence, qui sera tenue en 1915, et il y a lieu d'espérer que les délégués des 42 nations représentées en 1907 arriveront à l'unanimité sur ce point important. Pourtant, malgré cette espérance, il serait d'élémentaire prudence de faire savoir respectueusement à la prochaine assemblée de La Haye, que tel est le vœu de toutes les nations. Le moyen d'arriver à un résultat aussi désirable nous est fourni par une « Pétition mondiale pour prévenir les guerres entre nations », dite pétition « Miss Eckstein ».

Les signataires de cette requête sollicitent de la troisième Conférence de La Haye, le vote du principe de l'arbitrage obligatoire pour le règlement de tous les conflits internationaux.

Dans la campagne à mener pour l'obtention de signatures en faveur de la « pétition mondiale », les U. P. pourraient apporter une importante contribution.

Les U. P. pourraient être invitées à prendre des mesures en vue de recueillir des signatures pour la « pétition mondiale » en faveur de l'arbitrage obligatoire.

CONCLUSIONS

I. — Un certain nombre de conférences qui se donnent dans les U. P. seront consacrées à des exposés relatifs à la paix et aux problèmes qui s'y rapportent.

II. — Il est désirable que les bibliothèques des U. P. contiennent un certain nombre d'ouvrages relatifs à la paix et aux questions qui s'y rapportent.

III. — Il est désirable :

1º Que chaque U. P. adhère à « La Société belge de l'Arbitrage et de la Paix » ;

2º Que la dite société fasse aux U. P. ainsi adhérentes, le service de la revue Le Mouvement pacifiste, comme elle le fait à ses membres individuels payant une cotisation de deux francs minimum.

IV. — Il est désirable que les U. P. prennent l'initiative de la formation de groupes locaux composés de femmes, groupes affiliés à « L'Alliance belge des Femmes pour la Paix par l'Education ».

V. — Les U. P. pourraient être invitées à prendre des mesures en vue de recueillir des signatures pour la « pétition mondiale » en faveur de l'arbitrage obligatoire.

2.3

Premier Congrès National de la Paix (1913)

2. — LA PAIX ET L'ÉDUCATION

Propagande Pacifiste

RAPPORT

PRÉSENTÉ PAR

Mlle EUGÉNIE HAMER

Secrétaire Générale de l'Alliance Belge des femmes
pour la Paix par l'Éducation

Avantages et inconvénients des divers modes d'Activité.

Il est reconnu, depuis longtemps, que le meilleur moyen de répandre les idées et de donner une solution pratique aux grands problèmes qui préoccupent les sociologues et les philanthropes de tous pays, c'est de se livrer à une propagande active, dans tous les domaines où l'intelligence humaine et les sentiments artistiques peuvent se donner un libre cours : la parole, la publication des idées, les arts de la plastique et de la musique.

Mais, chacune de ces modalités a ses avantages et ses inconvénients, et ce sont eux que nous allons faire ressortir en quelques lignes.

Les fêtes que donnent les sociétés pacifistes sont certainement un puissant moyen de propagande, car elles offrent aux assistants, avec la parole du conférencier, un programme artistique et littéraire bien fait pour enthousiasmer les auditeurs et pour frapper ceux qui ne se rendent pas compte de ce que peut entraîner avec elle de misères et de douleurs une guerre, si juste qu'elle paraisse.

Dans ces manifestations pacifistes, on peut faire appel à tout ce qui a été produit pour glorifier la paix et pour flétrir la guerre et ses massacres.

Mais un écueil se présente : on accorde généralement trop peu de temps à la partie essentielle, je veux dire à la causerie, faite pour parler à la raison, faite pour convaincre et éveiller de nouvelles ardeurs pacifistes ; or, la conférence est, à mon avis, ce qu'il y a de mieux dans la fête (le meilleur élément du programme) parce que le causeur peut appuyer ses arguments sur des statistiques, sur des événements historiques, sur des faits accomplis, et montrer tout ce qu'on est en droit d'espérer, d'une société basée sur les lois du progrès, de la justice et de la fraternité universelle : toutes choses qu'il appartient à la parole de démontrer.

Il n'est pas possible qu'un conférencier, si habile et si concis fût-il, puisse développer en un quart d'heure les différents points de son sujet, de façon à convaincre ses auditeurs ; or, c'est la maigre part qui lui est réservée dans la plupart des programmes de fêtes, et c'est un véritable tort ; il n'est pas question de dénigrer ici les autres moyens d'action ; mais le reste du programme est plutôt fait pour éveiller le sentimentalisme des auditeurs ; ils quittent la fête sans avoir pu entrevoir les moyens à employer pour réagir contre les tendances belliqueuses qui empêchent le règlement, par le droit et l'arbitrage, des conflits entre nations.

C'est aussi au conférencier qu'il appartient d'ouvrir les yeux de ses auditeurs sur les vrais motifs des guerres, motifs dissimulés adroitement par d'habiles diplomates, sous les prétextes les plus futiles et les questions de point d'honneur.

Que de fois, le vrai mobile d'une guerre n'est-il qu'une vaste opération financière qui sacrifie des milliers de vies à quelques intérêts particuliers.

Quant aux autres éléments du programme, ils doivent être choisis judicieusement, afin qu'ils apportent leur appoint à la causerie ; ce genre de propagande n'est d'ailleurs pas difficile, car de tous temps les littérateurs, les artistes et les compositeurs se sont inspirés de l'idée de guerre et de paix pour chanter, mettre à la scène ou représenter les horreurs du terrible fléau.

2.4

Un danger se présente ici : sous prétexte de dépeindre la guerre, on exalte l'héroïsme guerrier, au lieu de montrer les tristesses et les misères qu'entraîne tout conflit sanglant.

La nature humaine est ainsi faite qu'elle se laisse facilement impressionner : la vue des uniformes, des panaches, le son entraînant des trompettes, des musiques militaires, des marches guerrières, agissent comme une véritable griserie sur nos cœurs et même sur nos cerveaux.

Avons-nous jamais songé, quand nous les voyons défiler, d'un pas allègre, le long de nos rues et de nos avenues, que ces brillants officiers et tous ces jeunes soldats devront faire le sacrifice de leur vie si un jour la patrie est menacée. But louable que celui-là! Mais quelle boucherie! Que dire alors des guerres faites pour satisfaire l'ambition d'un orgueilleux potentat, ou, comme je le disais plus haut, pour favoriser les spéculations de quelques princes de la finance; c'est ici qu'il faut montrer ce qu'il y a de cruel et d'inhumain à anéantir en quelques jours, quelques heures peut-être, toute la jeunesse, la force vive en laquelle une nation place tous ses espoirs.

A côté des fêtes et conférences pacifistes qui constituent les moyens de propagande les plus efficaces, il en est d'autres qui ne sont pas à dédaigner.

Parmi ceux-ci un de ceux qui ont le plus de succès aujourd'hui, est certainement la carte illustrée; or, les cartes illustrées tout comme les projections, les tableaux vivants ou groupes plastiques, devront s'inspirer des principes indiqués plus haut, pour répondre au but poursuivi par les pacifistes et pour éviter d'obtenir un résultat absolument opposé à celui que l'on en attend.

Quant aux imprimés (circulaires et pétitions), leur succès dépendra toujours de la forme, de l'aspect, du tour et de l'opportunité qu'on leur donnera.

La propagande personnelle peut être très efficace, car par la parole, par l'écriture, on arrive parfois à convaincre les plus endurcis.

Le port d'un insigne peut, par la curiosité qu'il provoque, servir d'appoint à notre propagande et rappelle à la jeunesse qui le porte, un engagement moral auquel elle ne pourrait manquer sans faire preuve de félonie.

Il appartient au corps enseignant de nous seconder puissam-

2.4

ment dans notre tâche, en transformant le cours d'histoire et en donnant aux jeunes enfants confiés à nos écoles, des principes de morale pacifiste, de droit et de justice, qui permettront à leurs jeunes âmes de s'éveiller à un sentiment de fraternité universelle ; il faut leur montrer que cette fraternité doit s'étendre par delà les frontières et que si nous chérissons notre Patrie, nous devons aimer et respecter la patrie des autres, et ne pas nous laisser envahir par un sentiment étroit de chauvinisme.

Premier Congrès National de la Paix (1913)

La Liberté du Commerce en temps de guerre

RAPPORT

PRÉSENTÉ PAR

M. ERNEST MAHAIM

Professeur à l'Université de Liége

Il y a quelque chose d'impressionnant, de profondément saisissant dans ce qu'on appelle le droit de la guerre : on y voit
naître du droit. Ce sont des linéaments ténus et vagues qui se
dessinent sur un fond sombre, et qui finissent par se marquer,
s'accentuer, prendre une forme et une figure. On assiste ainsi
comme à une création, et l'on sent bien derrière les formes im-
parfaites et peu solides, la vie sociale qui sourd et bourgeonne,
imposant, d'une force irrésistible, les principes et les concepts
sur lesquels travaillent les juristes.

C'est à Jean-Jacques Rousseau qu'on doit la formule du grand
principe sur lequel est basé le droit moderne de la guerre :
« La guerre n'est point, dit-il au chapitre IV, livre premier du
Contrat social, une relation d'homme à homme, mais une relation d'État à État dans laquelle les particuliers ne sont ennemis
qu'accidentellement non point comme hommes, ni même comme
citoyens, mais commes soldats ; non point comme membres de

la patrie, mais comme ses défenseurs. Enfin chaque État ne peut avoir pour ennemis que d'autres États et non pas des hommes, attendu qu'entre choses de diverses natures, on ne peut fixer aucun vrai rapport. »

Ces mots expriment tout le progrès de la civilisation et de l'humanité, toute la différence entre la guerre contemporaine et celle d'il y a un siècle. On peut dire que c'est à réaliser ce principe, dont les conséquences sont incalculables, que s'appliquent les efforts, non seulement des juristes, mais des nations elles-mêmes.

La question qui nous occupe en est un exemple frappant. Elle consiste essentiellement dans ce problème : comment concilier les exigences de la guerre. — la violence déchaînée vers un but, hors de la raison, hors du droit, hors de l'humanité vraie, — avec cette vérité, simple, lumineuse, évidente, *acceptée par tous* : les particuliers des États en guerre ne sont pas des ennemis. Les États cherchent à se faire le plus de mal possible ; chacun doit employer tous les moyens pour se défendre et attaquer, pour affaiblir et paralyser l'État adverse, mais rien que l'État.

La question de la « liberté du commerce » en temps de guerre n'est ainsi qu'une fraction du droit de la guerre lui-même. Mais si nous devions la traiter dans toute son étendue, il nous faudrait écrire tout un volume.

Nous nous bornerons à en indiquer les parties essentielles, et à en exposer l'état actuel, d'après les faits récents, les traités internationaux, et les auteurs contemporains, de manière à fournir à la discussion des éléments positifs. Nous ne perdons pas de vue non plus que, dans ce Congrès National, il convient de tout envisager au point de vue de la Belgique.

I

État neutre, d'une neutralité permanente, la Belgique est tout d'abord intéressée à la *liberté du commerce des neutres*.

Il semble, à première vue, que la guerre ne puisse apporter de trouble au commerce des neutres. Comment des États étrangers au conflit pourraient-ils être atteints par le fait des belligérants?

C'est pourtant ce qui arrive, grâce aux pratiques de la guerre maritime. On sait que celle-ci reste la plus cruelle et la plus injuste, celle où l'empire du Droit est le plus faible et le plus restreint. On n'est pas parvenu, ni aux deux Conférences de la Paix, ni à la Conférence Navale de Londres, à y introduire le principe du respect de la propriété privée, qu'on réclamait déjà au XVIIIe siècle, et que, parmi beaucoup d'autres, un Belge éminent, dont le nom doit être ici prononcé, Émile de Laveleye, a défendu avec éloquence.

Aussi, un auteur contemporain peut-il écrire encore : « Le caractère particulier de la guerre maritime, qui tend directement à atteindre les ressources économiques de l'ennemi, devait naturellement favoriser tous les abus, sous la forme d'obstacles apportés aux relations commerciales des États adversaires avec les neutres, et par le fait même d'agressions injustifiables dirigées contre la propriété de ces derniers (1). »

C'est le *Consulat de la mer* qui, jusqu'au XVIe siècle, avait posé les deux règles générales suivantes : la marchandise ennemie est saisissable sous pavillon neutre et la marchandise neutre est insaisissable sous pavillon ennemi. Puis, à partir de l'ordonnance française de 1538, on voit apparaître l'odieux principe de l'« infection hostile » qui permet de confisquer le navire neutre lui-même qui transporte de la marchandise ennemie. Enfin, après des variations sans nombre, la Déclaration de Paris du 16 avril 1856 a rallié à peu près tous les États civilisés au double principe, qui forme encore le fond du droit actuel :

Le pavillon neutre couvre la marchandise ennemie, à l'exception de la contrebande de guerre ;

La marchandise neutre, à l'exception de la contrebande de guerre, n'est pas saisissable sous pavillon ennemi.

Ce double principe forme un progrès incontestable ; mais il est insuffisant pour protéger même la marchandise et les navires neutres, car tout dépend de la notion de contrebande de guerre. Hélas ! Il n'y a pas de matière plus décourageante dans le droit de la guerre. L'arbitraire y règne en maître. On voit des États adopter, en temps de paix, des règlements déterminant les marchandises considérées par eux comme contrebande de guerre, et modifier ces règlements au moment de leur application, au

---

(1) DESPAGNET, *Droit international public*, 4e éd., 1910, p. 1250.

gré de leurs intérêts. Bien plus, il en est qui étendent le plus possible la notion de contrebande de guerre, quand ils sont belligérants, et qui prétendent au contraire la restreindre quand ils sont neutres. Ensuite, la fameuse théorie de la continuité du voyage, qui fait dépendre le caractère de contrebande de la destination de la marchandise ou du navire a fourni de nouveaux prétextes à d'injustes saisies (1).

D'autre part, on distingue, depuis Grotius, la contrebande *absolue*, qui comprend les choses ne servant qu'à la guerre (armes et munitions), et la contrebande *relative* ou *conditionnelle*, qui comprend les choses d'usage équivoque, *res ancipitis usus* (tels que le charbon, le soufre, les matériaux de construction). Il y a même la contrebande *occasionnelle*, particulièrement préjudiciable aux neutres, qui comprend les objets qu'un chef militaire déclare contrebande, de sa propre autorité, à raison des circonstances, parce qu'ils peuvent servir à l'ennemi.

C'est en vain qu'on a cherché jusqu'à présent une définition générale de la contrebande de guerre, d'autant plus que les progrès de la technique militaire, ainsi que les progrès des moyens de transport et l'enchevêtrement des relations commerciales, tendent à augmenter sans cesse le nombre des choses utilisables par les belligérants.

Aussi il faut saluer comme un événement capital le fait que la délégation anglaise proposa, à la deuxième Conférence de la Paix, la suppression de la saisie de la contrebande de guerre dans les termes suivants : «Afin de diminuer les difficultés que rencontre en cas de guerre le commerce des neutres, le Gouvernement de S. M. Britannique est prêt à abandonner le principe de

---

(1) M. Van den Heuvel disait, à la dixième séance de la quatrième Commission de la Conférence de la Paix, en 1907 : « Le système de la contrebande, tel qu'il a été échafaudé dans ces dernières années, n'est plus un système qui découle de la légitime défense des belligérants. C'est un régime qui va bien au delà de ce que peut demander la conduite nécessaire des hostilités ; il verse en plein arbitraire par ses dispositions sur la contrebande relative et par ses présomptions sur la continuité du voyage ; il trouble profondément non seulement les relations pacifiques des neutres avec les belligérants, mais celles des neutres entre eux. » *(Actes de la Conférence*, t. III, p. 879.)

3.1

la contrebande en cas de guerre entre les Puissances qui signeraient une convention à ces fins » (1).

Malheureusement, l'Angleterre proposait en même temps de
considérer comme *auxiliaires* de la flotte ennemie, les navires
qui transporteraient des cargaisons pouvant lui être utiles. On
n'a pu s'empêcher de lier les deux propositions, et comme la
dernière aggravait plutôt la situation actuelle, l'Allemagne, la
France, les États-Unis et la Russie se sont refusées à abolir
le principe de la contrebande de guerre.

La Conférence Navale de Londres (à laquelle la Belgique
n'était pas représentée), a repris la question, mais sur d'autres
bases. Il ne s'agissait plus de suppression radicale. On a abouti
à un système mitigé, qui consiste essentiellement à énumérer
les marchandises susceptibles d'être considérées comme contrebande. La distinction traditionnelle est maintenue : l'article 22
énumère onze catégories d'objets qui constituent la contrebande
absolue (2) ; l'article 24, quatorze autres qui forment la contrebande conditionnelle ; on remarquera que les vivres, l'or et
l'argent, et les combustibles y sont compris (2) ; l'article 28
établit la *liste libre* des dix-sept catégories de marchandises qui
ne peuvent être déclarées contrebande (2). Il faut y ajouter
les objets et matériaux servant exclusivement à soigner les
blessés et les malades, et les objets et matériaux destinés à
l'usage du navire où ils sont trouvés, ainsi qu'à l'usage de l'équipage et des passagers de ce navire pendant la traversée. (Art. 29.)

La liste libre est peut-être le gain le plus important fait par
le commerce pacifique dans la Déclaration, car, malheureusement, il est loisible aux Puissances d'ajouter des objets aux deux
autres listes, à condition de les notifier aux autres États.

Des précisions sont aussi apportées en ce qui concerne la destination de la contrebande et le mode de preuve de cette destination. La théorie du voyage continu a été admise pour la contrebande absolue et écartée pour la contrebande conditionnelle,
transaction regrettable, quoique compréhensible, entre des
points de vue radicalement opposés.

---

(1) *Actes de la Conférence*, t. III, p. 742.
(2) Le texte de ces articles est reproduit en annexe.

Nous ne méconnaîtrons pas qu'à beaucoup d'égards la Déclaration de Londres est un progrès. Elle apporte un peu de sécurité au commerce des neutres ; elle formule un certain nombre de principes qui forment une base précieuse au droit des prises que la Cour internationale des prises, instituée par la Convention du 18 octobre 1907 aura à appliquer. Mais nous n'hésitons pas à dire que le commerce pacifique n'y a pas obtenu tout son droit. Tant qu'il sera permis, au nom des prétendues exigences de la légitime défense, de confisquer ou de détruire la propriété d'un particulier inoffensif, on peut dire que la justice est méconnue.

II

La liberté du commerce entre particuliers appartenant aux Etats belligérants n'est pas une question indifférente pour la Belgique.

Sans doute, nous ne pouvons déclarer la guerre et aucun des États garants des traités de Londres ne peut nous la déclarer. Tel est le principe de notre neutralité « perpétuelle ».

Mais qui oserait assurer que jamais le fait ne dépassera pas le droit ? Il serait ridicule aujourd'hui d'écarter l'hypothèse où nous soyons en état de guerre avec l'un de nos voisins.

Dès lors, il importe de rechercher quelle est la situation faite au commerce en ce cas.

Pour la comprendre, il est nécessaire de montrer l'évolution de la théorie.

Au XVIII⁰ siècle, l'opinion et la pratique générale admettent que la déclaration de guerre a pour première conséquence d'interdire toute relation commerciale entre les citoyens des États ennemis. « Il est défendu d'avoir le commerce avec les ennemis. » affirmait Casageri en 1719. « Il n'est pas douteux, écrivait Bynkershoek, en 1737, que par la nature de la guerre, le commerce prend fin entre les ennemis. » A la fin du siècle, la formule usuelle française défendait d'avoir « aucune communication, commerce, ni intelligence, à peine de la vie (1). »

On contestait parfois que l'interdiction eût lieu de plein droit,

---

(1) E. Nys, *Droit International*, t. III, p. 144.

3.1

mais on ne contestait pas qu'elle pût être décrétée, être générale, et sanctionnée des peines les plus graves.

Une exception remarquable nous est offerte par un traité conclu en 1785, pour un terme de dix ans, entre la Prusse et les États-Unis ; il stipulait qu'en cas de guerre il n'y aurait d'interruption ni dans le commerce ni dans la navigation.

Cependant — et c'est une preuve que la force des choses impose toujours des tempéraments à la rigueur des principes, — il n'y a pas de nation belligérante qui n'ait délivré des « licences » ou « sauf-conduits » à des particuliers pour faire le commerce. Générales ou spéciales, les licences étaient parfois extrêmement nombreuses.

Au cours du XIXe siècle, on a de nombreux exemples de l'interdiction et de l'octroi de licences.

« En 1854, les sujets anglais et les sujets français furent autorisés à continuer sous pavillon neutre leur trafic avec les ports russes non bloqués, à la condition de ne pas transporter de contrebande de guerre (1). » « A ces facultés exceptionnelles, le Gouvernement du Czar et celui de l'Empereur Napoléon ajoutèrent encore la faculté pour leurs sujets respectifs de communiquer entre eux au moyen du télégraphe (2). »

La législation française contient plusieurs dispositions prononçant l'interdiction. En 1870, une circulaire du ministre de la marine a consacré « le principe absolu pour tous contrats, tels que associations, asurances, négociations d'effets de commerce, même pour la correspondance directe, postale ou télégraphique, sous la sanction de la saisie des objets des conventions (3) ».

La nullité des actes contraires à l'interdiction est définitive et persiste après la paix. « On ne pourrait pas, postérieurement à cette époque, fonder une demande en justice sur une opération commerciale accomplie au temps des hostilités (4). »

Le droit anglais est tout aussi rigoureux. Nombre de décisions judiciaires consacrent, comme règle du droit commun, que

---

(1) E. NYS, Ouvrage cité, p. 148.
(2) CALVO, *Droit International*, t. IV, 1929, p. 64.
(3) DESPAGNET, *Droit International public*, 1910, n° 517, p. 824.
(4) A. PILLET, *Les Lois actuelles de la Guerre*, p. 76.

3.1

les sujets du roi ne peuvent, sans son autorisation, faire le commerce avec une personne devant allégeance à un gouvernement, en guerre avec le roi (1).

En Allemagne, il en est de même. Dans son traité récent du droit des gens, F. von Liszt, énumérant les effets de l'état de guerre, cite : l'interdiction du commerce avec les nationaux de l'État ennemi (2).

Nous noterons cependant que dans la guerre russo-japonaise, la Russie (ordonnance du 14-27 février 1904), et le Japon (instruction du 10 février 1904), admirent la continuation des opérations commerciales.

Quant à la doctrine contemporaine, elle est divisée, ou plutôt, elle accepte avec résignation la situation actuelle.

Geffcken, qui représente, d'après M. Nys, l'opinion régnante, dit : « Il est de l'essence de la guerre de faire cesser les relations commerciales pacifiques ; tolérer le commerce des sujets pendant que les gouvernements sont en lutte ouverte, ce serait mettre en contradiction l'action des individus et celle des souverains. Les citoyens sont obligés de seconder l'État de toutes leurs forces ; ils ne peuvent poursuivre leurs profits individuels en tant que cela porte préjudice à la cause commune (3). »

Bluntschli lui-même, dans son *Droit International codifié*, ne fait qu'une timide réserve disant que l'interdiction générale n'est pas admissible et en tout cas ne se présume pas (4).

Lueder, au Manuel de Holtzendorf, ne met pas en doute la légitimité d'une interdiction générale, mais déclare qu'à défaut d'un acte exprès du Gouvernement, la continuation des relations commerciales est de règle, étant plus conforme à l'esprit du droit des gens moderne (5).

On lit avec plaisir dans un des plus récents traités du droit des gens anglais, que la règle interdisant le commerce entre sujets des belligérants n'existe pas « en qualité de droit international », et

---

(1) E. Nys, ouvrage cité, p. 147. — Calvo, ouvrage cité, p. 83.

(2) *Völkerrecht*, 1913, p. 294.

(3) A. G. Heffter, *Le Droit International de l'Europe*, trad. par F. H. Geffcken, 4e édit., p. 271.

(4) E. Nys, ouvrage cité, t. III, p. 148.

(5) t. IV, no 87, p. 358.

3.1

n'a jamais existé, « puisque le droit international n'a rien à faire avec la conduite des individus privés, mais est un droit entre États seulement et exclusivement (1) ». Mais il n'en est pas moins vrai que le droit anglais prohibe le commerce, « et tout entre-cours amical entre les sujets britanniques et ennemis, annule les contrats existants, y compris les sociétés et ne permet pas au sujet de l'État ennemi d'être demandeur ni défendeur devant les tribunaux anglais ». Seulement, il est entendu que cette prohibition n'est pas le résultat du droit des gens, mais du droit national (2).

Pour notre part, nous n'hésitons pas à déclarer, avec notre éminent collègue, M. Ernest Nys, que la thèse de la liberté du commerce, doit triompher, « elle est conforme à la vérité juridique, puisque la guerre est une relation d'État à État et non d'homme à homme (3) ».

C'est là le principe incontestable sur lequel il faut s'appuyer. Nous demandons simplement qu'il devienne une réalité. La guerre a pour but une substitution de pouvoir, de souveraineté politique. Elle doit laisser intactes — dans la mesure du possible, — les relations de droit privé entre les particuliers, parce qu'ils ne sont pas engagés dans la guerre.

Qu'on n'objecte pas, avec Geffcken, qu'il y aurait contradiction « entre l'action des individus et celle des souverains ». Cette contradiction, elle existe tout le long de la guerre depuis qu'on admet qu'elle n'est plus qu'une relation d'État à État. N'est-ce pas une « contradiction » de respecter la propriété privée dans un territoire occupé ? A la vérité, il ne s'agit pas de « contradiction », mais de « distinction » entre les personnes engagées dans la guerre et celles qui ne le sont pas.

Sans doute nous n'irons pas jusqu'à admettre que les particuliers, sujets de l'État ennemi, contractent avec l'État adversaire de leur patrie, et c'est justement qu'un financier de Francfort qui avait favorisé le placement de l'emprunt de guerre

---

(1) L. Oppenheim, *International Law*, t. II, n° 101, p. 110.

(2) « But this British prohibition, which coincides with a similar prohibition on the part of several other States, is not the outcome of the Law of Nations, but of Municipal Law. » Id., p. 111.

(3) E. Nys, ouvrage cité, t. III, p. 147.

français, en 1871, fut condamné pour trahison. De même qu'on ne tolérera pas que des nationaux fournissent des armes à l'État ennemi, on ne peut pas tolérer qu'ils l'enrichissent. Mais il s'agissait bien, ici, de fourniture à l'État lui-même, c'est-à-dire à la personne juridique engagée dans la guerre. Toute différente est la situation entre les particuliers.

L'interdiction est évidemment un souvenir du passé. Jadis, il était de règle de confisquer, au moment de la déclaration de guerre, les biens des sujets de l'ennemi séjournant sur le territoire. Napoléon encore a voulu confisquer les biens des Anglais établis en France : William Cockerill, à Liége, ne dut de les conserver qu'à une autorisation spéciale. Mais du moment que la propriété privée est inviolable, on ne voit pas à quel titre l'interdiction du commerce se justifierait.

Serait-ce parce que le commerce continue d'enrichir les citoyens, donc de *soutenir indirectement* l'État ennemi? Mais à ce compte, le fait de laisser en vie la population ennemie, de ne pas la massacrer, de ne pas piller les villes prises, de ne pas interner et dépouiller de leurs biens les sujets de l'État ennemi établis sur le territoire, ces faits ont aussi pour conséquence d'enrichir et de soutenir indirectement l'État ennemi. Mais, précisément, comme la conséquence n'est qu'*indirecte*, elle ne doit, pas plus dans un cas que dans l'autre, entraîner le retour de pratiques définitivement condamnées.

Dira-t-on encore que le patriotisme commande aux citoyens de seconder l'action de l'État, en ne laissant pas les sujets de l'adversaire profiter du négoce? Mais dans le commerce il n'y a pas qu'une partie qui profite : toutes deux y trouvent leur intérêt. C'est donc aussi, pour soutenir et maintenir la patrie, que le commerce doit être admis. N'est-ce pas, d'ailleurs, physiquement, matériellement, la plus élémentaire vérité? Les relations réciproques sont telles aujourd'hui entre commerçants appartenant à des pays différents que, dans une mesure inconnue jadis, ils ont besoin les uns des autres. Vouloir faire du tort au commerce des sujets de l'ennemi, c'est parfois tuer le commerce national. La patrie n'est-elle pas intéressée à sa conservation? Après tout, il faut qu'elle vive, et le commerce aujourd'hui est la condition de la vie nationale.

Aussi, on frémit à la pensée de voir prendre au sérieux et appli-

quer avec rigueur par les tribunaux, une interdiction générale
du commerce, qui ferait tomber la validité des effets de commerce,
dans une guerre où seraient engagées la France, l'Allemagne,
l'Angleterre... et la Belgique. Cela se concevait au temps où la
Cour suprême d'Amirauté anglaise pouvait dire (fin du XVIIIe siècle) : « La nation entière est engagée dans une affaire et doit être
soumise au même sort. Chaque individu de l'une des nations
doit considérer celui de l'autre nation comme son propre ennemi,
parce que celui-ci est l'ennemi de son pays (1). » Tout cela est faux
aujourd'hui. Non seulement la coutume, les principes généraux,
mais le droit conventionnel y sont contraires.

La Convention concernant les lois et coutumes de la guerre
sur terre, signée à La Haye le 18 octobre 1907, interdit notamment « de déclarer éteints, suspendus ou non recevables en justice, les droits et actions des nationaux de la partie adverse.»
(Art. 23, h). Cette disposition doit évidemment mettre fin à la
pratique anglaise de « fermer les tribunaux » aux sujets de l'État
ennemi. En outre, elle condamne définitivement la doctrine de
la cessation de plein droit des relations commerciales. Il faudra
au moins un acte exprès de l'État pour déclarer l'interdiction,
et celle-ci sera de stricte interprétation.

Ce n'est pas tout. A la Conférence de La Paix de 1907, l'inter-
nement en masse, ainsi que l'expulsion en masse des sujets de
l'ennemi établis sur le territoire ont été réprouvés. Une proposition japonaise et un amendement italien en ce sens ont été
écartés comme inutiles, M. Beernaert ayant fait admettre qu'il
fallait entendre les textes existants (art. 3, 5 et 43), en ce sens
que seuls les prisonniers de guerre pouvaient être internés (2).
N'est-ce pas une preuve de plus que les relations de droit privé
continuent à subsister?

Enfin, l'article 46 du même règlement renferme la consécration formelle et générale du principe, que, sur le territoire occupé
par l'ennemi «l'honneur et les droits de la famille, la vie des
individus et la propriété privée, ainsi que les convictions religieuses et l'exercice des cultes, doivent être respectés. La pro-

---

(1) CALVO, ouvrage cité, t. IV, n° 1927, p. 63.
(2) Voir *Actes de la Conférence*, t. III, p. 11 et suivantes.

3.1

priété privée ne peut être confisquée ». S'il en est ainsi sur le territoire occupé, il en est de même *a fortiori* sur le territoire de l'ennemi.

C'est une banalité de dire que le droit de propriété porte sur les biens incorporels. Les droits de créance sont des biens, entrant dans le patrimoine des individus. Est-ce respecter la propriété privée que de supprimer d'un trait de plume des créances, des parts de sociétés, des actions et obligations, des lettres de change, des chèques et tous effets de commerce, des droits d'auteurs et des brevets?

Qu'on le veuille ou non, le principe de l'interdiction générale du commerce en temps de guerre est en contradiction avec le principe du respect de la propriété privée des sujets de l'État ennemi.

Aussi, nous concluons qu'il faut qu'on y renonce.

La seule restriction admissible est celle du commerce fait avec et au profit des administrations, de l'armée, des représentants de l'État ennemi. La liberté du commerce ne doit évidemment pas aller au delà du point où va le respect de la propriété privée en général. De même que celui-ci cesse quand commencent les exigences des opérations militaires, de même la liberté du commerce doit cesser quand elle est de nature *à gêner* les opérations militaires elles-mêmes, à favoriser les communications avec les *troupes* ennemies, etc.

Mais en dehors de ce cas, la liberté du commerce doit être maintenue et proclamée comme conforme à la nature de la guerre moderne, comme imposée par la justice et l'humanité.

CONCLUSIONS

Considérant qu'il est de principe que la guerre est une relation d'État à État et que, par conséquent, le commerce doit être maintenu libre entre les individus et les États qui ne sont pas engagés dans la guerre;

Le Congrès émet les vœux :

I. Que la propriété privée soit respectée même dans la guerre maritime;

II. Que, conformément aux principes impliqués dans le Règlement des lois et coutumes de la guerre sur terre de 1907, la liberté du commerce soit maintenue entre sujets et États belligérants.

3.1

ANNEXE

ART. 22. — Sont de plein droit considérés comme contrebande de guerre, les objets et matériaux suivants, compris sous le nom de contrebande absolue, savoir : 1° les armes de toute nature, y compris les armes de chasse et les pièces détachées caractérisées ; 2° les projectiles, gargousses et cartouches de toute nature, et les pièces détachées caractérisées ; 3° les poudres et les explosifs spécialement affectés à la guerre ; 4° les affûts, caissons, avant-trains, fourgons, forges de campagne, et les pièces détachées caractérisées ; 5° les effets d'habillement et d'équipement militaires caractérisés ; 6° les harnachements militaires caractérisés de toute nature ; 7° les animaux de trait, de selle et de bât, utilisables pour la guerre ; 8° le matériel de campement et les pièces détachées caractérisées ; 9° les plaques de blindage ; 10° les bâtiments et embarcations de guerre et les pièces détachées spécialement caractérisées comme ne pouvant être utilisées que sur un navire de guerre ; 11° les instruments et appareils exclusivement faits pour la fabrication des munitions de guerre, pour la fabrication et la réparation des armes et du matériel militaire terrestre ou naval.

ART. 24. — Sont de plein droit considérés comme contrebande de guerre les objets et matériaux susceptibles de servir aux usages de la guerre comme à des usages pacifiques, et compris sous le nom de contrebande conditionnelle, savoir : 1° les vivres ; 2° les fourrages et les graines propres à la nourriture des animaux ; 3° les vêtements et les tissus d'habillement, les chaussures propres à des usages militaires ; 4° l'or et l'argent monnayés et en lingots, les papiers représentatifs de la monnaie ; 5° les véhicules de toute nature pouvant servir à la guerre ainsi que les pièces détachées ; 6° les navires, bateaux et embarcations de tout genre, les docks flottants, parties de bassin, ainsi que les pièces détachées ; 7° le matériel fixe ou roulant des chemins de fer, le matériel des télégraphes, radiotélégraphes et téléphones ; 8° les aérostats et les appareils d'aviation, les pièces détachées caractérisées ainsi que les accessoires, objets et matériaux caractérisés comme devant servir à l'aérostation ou à l'aviation ; 9° les combustibles, les matières lubrifiantes ; 10° les poudres et les explosifs qui ne sont pas spécialement affectés à la guerre ; 11° les fils de fer barbelés, ainsi que les instruments servant à les fixer ou à les couper ; 12° les fers à cheval et le matériel de maréchalerie ; 13° les objets de harnachement et de sellerie ; 14° les jumelles, les télescopes, les chronomètres et les divers instruments nautiques.

ART. 28. — Ne peuvent pas être déclarés contrebande de guerre les articles suivants, savoir : 1° le coton brut, les laines, soies, jutes, lins, chanvres bruts et les autres matières premières des industries textiles ainsi que leurs filés ; 2° les noix et graines oléagineuses, le coprah ; 3° les caoutchoucs, résines, gommes et laques, le houblon ; 4° les peaux brutes, les cornes, os et ivoires ; 5° les engrais naturels et artificiels, y compris les nitrates et phosphates pouvant servir à l'agriculture ; 6° les minerais ; 7° les terres, les argiles, la chaux, la craie, les pierres, y compris les marbres, les briques, ardoises et tuiles ; 8° les porcelaines et verreries ; 9° le papier et les matières préparées pour sa fabrication ; 10° les savons, couleurs, y compris les matières exclusivement destinées à les produire, et les vernis ; 11° l'hypochlorite de chaux, les cendres de soude, la soude caustique, le sulfate de soute en pains, l'ammoniaque, le sulfate d'ammoniaque et le sulfate de cuivre ; 12° les machines servant à l'agriculture, aux mines, aux industries textiles et à l'imprimerie ; 13° les pierres précieuses, les pierres fines, les perles, la nacre et les coraux ; 14° les horloges, pendules et montres autres que les chronomètres ; 15° les articles de mode et les objets de fantaisie ; 16° les plumes de tout genre, les crins et soies ; 17° les objets d'ameublement ou d'ornement, les meubles et accessoires de bureau.

Premier Congrès National de la Paix (1913)

2. — LA PRESSE ET LA PAIX

Le Rôle de la Presse devant la Guerre et la Paix

RAPPORT

PRÉSENTÉ PAR

M. VICTOR JOURDAIN

Directeur du *Patriote*

Dans son ensemble la presse est, par essence, l'expression de l'opinion publique, et celle-ci est, dit-on, plus puissante finalement que les potentats et les armées. Ce jugement est assez unanime pour être accepté comme une vérité. Il importe donc beaucoup de savoir si le pacifisme, qui n'a rien de commun avec l'antimilitarisme ou l'antipatriotisme, c'est-à-dire la lutte contre la guerre injuste, la guerre institution, a ce qu'on appelle une bonne presse.

Il nous serait difficile de répondre aujourd'hui par une sincère et documentée affirmative à cette question. Nous croyons devoir plutôt reconnaître que la presse est encore à ce moment en majorité partisan de la guerre ou du moins assez peu disposée à croire au succès des efforts pacifistes. Elle est belliciste par tradition littéraire, et partage à cet égard les préjugés que l'éducation humaniste a fait fleurir dans la plupart des cerveaux des lettrés.

L'éducation littéraire contemporaine est imprégnée de ferments belliqueux ; l'histoire telle qu'on l'enseigne généralement est surtout l'histoire de la guerre ; la poésie grecque et latine, les livres classiques, les drames historiques, les poèmes antiques et modernes retentissent du bruit des batailles, et quand un élève sort de ce qu'on appelle par antiphrase les humanités, même dans les collèges qui s'abritent sous l'enseigne de la paix, il a l'esprit rempli par la glorification de la guerre.

Les arts eux-mêmes sont souvent complices de cet envoûtement belliqueux et sauvage. Combien de monuments n'y a-t-il pas qui remémorent et glorifient des exploits où la ruse et la violence ont abouti à l'injustice? Il ne faut pas oublier que la plupart des journalistes et des écrivains qui exercent une sérieuse action sur leurs lecteurs se recrutent dans la classe de ceux qui ont consacré leur vie aux lettres et à l'histoire. Ils sont fatalement bellicistes, surtout les jeunes. Nous devons donc leur accorder l'excuse de la bonne foi, d'autant plus que la plupart des gouvernements encouragent leur erreur. En Belgique, nous n'avons pas, croyons-nous, à craindre ce qui vient d'être révélé en Allemagne, c'est-à-dire que la cause de Mars et de Bellone soit encouragée par des subsides des fabricants d'armes, de coupoles et de cuirassés. Mais beaucoup de familles, beaucoup d'industries, sont intéressées au maintien des institutions militaires, par des positions lucratives ou reluisantes. Or, les professionnels ont naturellement l'âme de leur profession, et sont portés à se croire indispensables.

De ces multiples causes naît le grand nombre des consciences belliqueuses.

Mais nous pouvons constater cependant par beaucoup de faits qui vont en se multipliant, que la cause de la paix, cette cause dont chaque jour nous devenons plus enthousiaste, gagne incessamment du terrain. La presse suivra fatalement le mouvement, à peine de ne plus atteindre son but essentiel, ce qui n'est pas possible. Ce qui n'est pas encore acquis aujourd'hui le sera demain. Notons en passant, que dans cette question les revues et les livres ont une influence aussi grande et plus profonde, plus persistante sur les esprits que la presse quotidienne à grand tirage. Notons aussi que par habitude et par devoir professionnel la presse fait surtout écho aux choses officielles.

4.1

Le mouvement pacifiste est plutôt un mouvement extragouvernemental. Inconsciemment ou consciemment, les journaux sont souvent muets à son égard quand ils ne le méprisent pas. Mais cette situation de durera pas.

Pourquoi sommes-nous optimiste?

Parce que l'anarchie internationale qui domine actuellement la plus grande partie du monde qui se prétend le plus civilisé est trop stupide et trop désastreuse pour se prolonger. Le système de l'équilibre européen devient chaque jour plus ruineux par une progression d'une rapidité affolante, terrifiante. D'après un travail de statistique de M. Schwarz, un des spécialistes les plus renommés d'Allemagne, les six grandes puissances des deux triplices rivales ont dépensé en budgets militaires, de 1881 à 1910, 167 milliards et demi de francs.

Pendant ce temps deux de ces puissances seulement ont subi une grande guerre : l'Angleterre, celle du Transvaal, et la Russie, celle de Sibérie. Ces deux guerres n'ont coûté que 9 milliards. Les préparatifs de guerre inemployés ont donc absorbé 159 milliards et demi. Un pareil gaspillage de milliards ne prouve-t-il pas la folie du système?

A ce formidable chiffre doit être ajouté un nouveau total de milliards représentant la perte résultant du défaut de production de millions d'hommes maintenus sous les armes au moment où ils ont acquis la plénitude de leurs forces.

L'impôt militaire par le temps qu'il arrache au travail productif et par les sacrifices pécuniaires qu'il impose, coûte autant aux prolétaires que le prélèvement du capital sur le travail. Nous pourrions facilement le prouver.

Dans une brochure récente de la revue *La Paix par le Droit,* M. Prudhommaux, un dévoué et éloquent pacifiste, montre que l'accroissement indéfini des charges militaires, qu'il intitule « l'odieux chantage aux armements », est pour l'Europe la course à l'abîme. Que notamment en France, ce régime va encore diminuer la natalité en retardant l'âge moyen du mariage. C'est-à-dire que pour remédier au mal dont souffre la France, le déclin de la natalité vis-à-vis de l'Allemagne, on va précipiter ce déclin déjà lamentable. On va de plus affaiblir la productivité nationale au moment même où on lui impose un redoublement de charges. Et le remède ne sera efficace que pour un petit temps. Après trois ans de service il faudra en exiger quatre ou cinq pour mettre l'armée de premier choc au niveau de l'armée allemande qui se renforce chaque année par le fait du million de naissances que la Germanie enregistre en plus que sa voisine et sa rivale.

Notre siècle s'intitule orgueilleusement le siècle du progrès. Nos petits-enfants l'appelleront peut-être un jour le siècle de la barbarie ou celui de la folie. Car la lutte à coups de millions n'est au fond que la conséquence d'une poursuite insensée de l'hégémonie par les potentats et par certains peuples.

Le rôle de la presse à notre époque doit surtout consister à montrer la sottise de cette poursuite, sottise déjà démontrée par les ruines que les empires ont semées pendant 50 siècles, sans guérir l'espèce humaine de ce que M. de Nowikow appelait la kilométrite.

L'argument fondamental des bellicistes est celui-ci :

Depuis que le monde existe la guerre existe ; on continuera à faire la guerre ; elle durera autant que l'humanité, car elle est inhérente à la nature de l'homme comme l'amour, comme la maladie, comme la mort.

Les écrivains qui réfléchissent n'auront pas de peine à démontrer que cet argument est faux, attendu que la guerre est en décroissance constante depuis des siècles et qu'elle s'est, en outre, considérablement modifiée dans sa nature, dans son but, dans ses conséquences. Il faut être aveugle pour ne pas voir que ces changements sont tellement profonds que la guerre de nos jours est devenue pour les pays civilisés une insigne folie. Ses résultats sont devenus pour le vainqueur lui-même absolument vains et en tout cas très peu en rapport avec les frais et les risques. On aura peine à concevoir dans l'avenir que les peuples y aient persévéré si longtemps.

Le devoir de la presse consiste donc en somme en une leçon d'histoire et une leçon de choses :

L'histoire enseigne que les guerres étaient à l'origine des guerres de conquête et d'extermination. Le vainqueur devenait maître absolu des vaincus et de leurs biens. Il s'emparait des terres, des troupeaux, des richesses, rasait les cités et en tuait les habitants ou les emmenait en captivité.

La guerre était l'état presque normal de la société. Mais le nombre des unités sociales capables de se faire la guerre va bientôt en diminuant et les guerres deviennent moins fréquentes en même temps qu'elles changent de caractère.

Aujourd'hui, en dépit des états-majors et des diplomaties, on commence à envisager la possibilité d'une Europe unie et l'on n'est pas loin d'apercevoir la constitution d'une fédération intercontinentale. Des organismes internationaux se forment partout qui vaincront les résistances nationalistes. Le patriotisme sainement compris, celui qui est compatible avec le respect des autres nations, n'en souffrira aucunement.

L'évolution n'est pas moindre dans les procédés de la guerre. Le maintien de la propriété privée est devenu un axiome du droit international et l'on pourra dire que de nos jours, dans les relations des peuples civilisés, la conquête ne comprendra bientôt plus rien de positif et de tangible.

Il est donc faux de dire que la guerre a toujours existé et existera toujours. Elle n'a cessé de se modifier et devient plus rare. Elle n'en est que plus absurde, parce que plus vaine et plus ruineuse sous la forme de paix armée. Mais l'internationalisme économique et financier s'étend chaque jour, qui aura raison du monstre.

L'Europe est unie par une solidarité économique qui fait que par un coup de téléphone on unifie le prix des denrées d'Hambourg à Séville et de Rome à Edimbourg. Les peuples n'échangent pas seulement des capitaux et des marchandises, mais des hommes et des familles. Quand la guerre ou la catastrophe menace ou frappe une grande nation, toutes les bourses du monde en ressentent le contre-coup. New-York et Londres font écho à Berlin et à Paris.

Les banques importantes deviennent tous les jours de plus en plus internationales. Dans les guerres modernes, l'annexeur est parfois en réalité l'annexé au point de vue commercial et industriel.

Mais de tous ces faits qui sautent aux yeux des observateurs qui réfléchissent, l'admirateur béat de la guerre n'a cure. A ses yeux, la victoire est toujours le lot de la vertu, les meilleurs sont les plus forts et les vaincus n'ont que ce qu'ils méritent. La victoire prouve le droit et au besoin le crée. Rien de plus faux, de plus contraire à l'histoire. La justice avait-elle quelque chose à voir avec les conquêtes d'Attila ou de César, avec celles de Mahomet ou avec les invasions des Sarrasins et d'autres guerres plus modernes dont nous ne parlerons pas ?

D'autres partisans de la guerre voient en elle une thérapeutique nécessaire aux nations trop prospères. Singulière thérapeutique qui élimine les forts et les vaillants et laisse aux débiles et aux neurasthéniques la fonction de la paternité.

Enfin certains adversaires du pacifisme prétendent que la guerre est divine et que Dieu aime à s'appeler le Dieu de la guerre.

Contre cet impudent blasphème, la presse et tous ceux qui enseignent ne sauraient jamais trop protester. Le maintien de la guerre comme institution juridique entre les peuples ne peut prouver qu'une chose, l'insondable profondeur de la bêtise humaine. Mais cette bêtise est aussi guérissable que tant d'autres abus qu'on déclarait jadis indispensables : l'esclavage qui était la base des sociétés païennes, la torture juridique qui était considérée par des criminalistes éminents comme le fondement de la justice répressive, le duel que toute la haute société tenait jadis en honneur.

Aujourd'hui quel est l'homme sérieux, raisonnable, qui défende encore ces abus, jadis institutions sociales. Est-il besoin de prouver que la guerre est plus absurde, plus barbare, plus désastreuse, plus injuste que le duel qui respectait certaines règles d'égalité entre les combattants?

La presse a pour devoir de mettre en relief l'absurdité de ces suprêmes arguments des courtisans de Mars. Elle devra surtout faire ressortir que la morale est la même pour les collectivités et pour les individus et que les conquêtes, sauf le cas très exceptionnel où la conquête est la nécessaire punition d'un crime très grave commis par une nation, est un vol à main armée, *grandes latrocinium*, un gigantesque brigandage, comme le disait déjà, il y a 15 siècles, saint Augustin. De même la presse proclamera qu'un des premiers devoirs sociaux commande de ne pas être juge dans sa propre cause. La guerre viole cette loi primordiale des sociétés, aujourd'hui que le tribunal de La Haye est constitué et qu'un sérieux arbitrage international peut être facilement organisé. Comment les gouvernements pourront-ils condamner l'usage de la violence dans les conflits individuels ou dans les luttes économiques entre patrons et collectivités ou-

4.1

vrières s'ils persistent à employer la guerre entre eux, à présent que la voie de la justice leur est ouverte. En repoussant le recours à la justice ils donnent le pire exemple et justifient les crimes anarchistes. Les questions dites d'honneur sont de vains prétextes, car on ne peut arbitrairement restreindre les principes absolus du droit. Ces questions sont cependant causes des plus terribles guerres, témoin la guerre de 1870, rendue inévitable par les exigences injustes de la France et par la falsification de la fameuse dépêche d'Ems. Les gouvernements invoquent la dignité de leur souveraineté. Mais celle-ci n'a aucun droit en dehors des frontières où elle s'exerce. En droit international, la distinction entre grandes et petites puissances ne repose sur rien. Toutes les nations sont égales et ont les mêmes devoirs et les mêmes droits vis-à-vis des peuples qui les environnent. En principe, elles devraient d'ailleurs être toutes également neutres.

De même que les riches et les pauvres, les puissants et les faibles, sont égaux vis-à-vis de la loi et des tribunaux, toutes les nations ont le même devoir social devant la justice internationale. L'opinion contraire est juridiquement insoutenable.

La presse aura encore pour devoir de démontrer par des considérations économiques, la vanité et la nuisance des ambitions extérieures de domination. Les deux pays les plus prospères, ceux qui exportent le plus proportionnellement à leur population, c'est-à-dire par tête d'habitant, sont deux petits pays neutres à titre permanent : la Belgique et la Suisse. La Belgique n'a pas de marine militaire, la Suisse n'a pas même de côte. La première comprend deux races, la seconde en a quatre. Mais la communauté de leur histoire et l'usage immémorial de la liberté unissent ces races mieux que l'unité de langage et de frontières.

Le pays qui vient ensuite au point de vue économique est la Hollande, petit pays sans ambition guerrière.

Enfin, un autre pays qui n'a point non plus l'impertinente prétention de se mêler des affaires d'autrui, et ne possède point de véritable marine de guerre, est la Norvège. La Norvège en fait de bâtiments armés n'a qu'une marine de douane et de côtes. Ce pays a cependant une marine marchande très importante et précisément par ce qu'elle ne porte point de canons, cette marine n'a point à craindre les escadres militaires.

Heureux les pays qui n'ont pas d'histoire, dit un vieux dicton fort sage. Heureux, dirons-nous, les pays neutres et qui ont la sagesse de vouloir le rester.

Enfin les écrivains devront faire ressortir l'absurdité colossale de la maxime : *Si vis pacem, para bellum.* Ce n'est pas en préparant incessamment la guerre qu'on obtiendra la paix. Ce n'est pas non plus en glorifiant et en divinisant la guerre, et en la saluant comme la purificatrice de l'humanité. La maxime latine pouvait être celle d'une époque de barbarie où la force brutale seule était honorée. Elle doit être condamnée aujourd'hui. Elle ruine tous les peuples et enraie tous les progrès. Les nations veulent la paix et ne se laisseront pas toujours mener à la boucherie par des chefs qui au lieu d'être des pasteurs de peuples sont des belluaires éducateurs de fauves.

Si vous voulez la paix, préparez la paix, enseignez-là, glorifiez-là. C'est le premier devoir des conducteurs de peuples, des classes dirigeantes, de tous ceux qui ont une mission d'enseignement, des écrivains par conséquent.

Nous ne pouvons nous résigner à ce que tant de gens qui répètent sans cesse le précepte du Christ : « Aimez-vous les uns les autres », ne soient pas tous ardents partisans de la fraternité internationale ; et qu'il y ait encore autant qui comprennent le patriotisme à la façon païenne où l'étranger et l'ennemi s'appelaient d'un seul nom. Les sublimes vérités qui ont été proclamées il y a 19 siècles ne sont pas d'hypocrites mensonges à l'usage exclusif des niais et des simples. La politique internationale devra cesser d'être tortueuse et secrète ; elle cessera alors d'être honteuse ; la justice et la vérité n'ont jamais craint la lumière.

A n'en juger que par les événements de cette année, la cause de la paix semble plutôt en recul à cette heure. La préoccupation dominante de la guerre, pour être plus exact disons le cauchemar, ne démontre cependant pas que les peuples ont l'amour de la bataille et s'y préparent de grand cœur comme le prétendent certains organes belliqueux qui ont la détestable habitude de jeter l'huile sur le feu des passions chauvines et sont la peste de la presse au point de vue du devoir et de l'enseignement social. Le contraire est vrai.

Mais si les armées de la guerre deviennent plus nombreuses et plus meurtrières, l'armée de la paix, elle aussi, grandit tous les jours, et la pratique de l'arbitrage s'étend constamment et sans

4.i

faire de bruit. Cette constatation autorise tous les espoirs des amis de la paix.

Le dévoué secrétaire général de notre congrès, M. le Sénateur La Fontaine, a bien voulu nous donner la statistique des associations et groupements pacifistes qui existent dans l'univers. En voici le résumé :

Il y a actuellement dans le monde civilisé, 219 associations d'où dépendent 493 sections, soit un total de 712 groupements. Plus de 200 autres sociétés ayant des buts divers ont déclaré adhérer au mouvement.

Il faut ajouter à ce nombre les institutions internationales ayant pour objet unique la paix : le Bureau permanent de la Paix, à Berne ; l'Union interparlementaire de la Paix, qui compte des milliers de députés ; l'Union des Associations Internationales ; la Carnegie endowment for international peace ; la Cour permanente d'Arbitrage, à La Haye ; l'Union panaméricaine ; le Comité Nobel ; la World peace foundation, et aussi les sociétés dites de conciliation internationale (Verband für international Verständigung), qui réunissent dans un but d'entente, un nombre considérable de sommités intellectuelles de tous les partis et de toutes les confessions religieuses, docteurs, avocats, professeurs, écrivains, députés, industriels allemands, anglais, français et américains.

Leur but avoué est l'entente entre ces quatre grandes nations des deux mondes et notamment la fin des causes de défiance ou de rivalité qui les ont divisées et les divisent encore. C'est donc un but essentiellement pacifiste, mais le mot de paix effraye ou rebute certaines personnes qui persistent à y voir une idée de peur et ces sociétés ont préféré le mot de conciliation. Au fond, c'est la même chose, absolument, puisque la conciliation engendre la paix.

Il y a encore une trentaine de sociétés ayant chacune pour but l'union ou l'entente entre deux pays voisins.

On peut donc évaluer à un millier le nombre de groupements ayant la paix pour but.

Résumons et concluons :

La violence, le meurtre, la destruction et l'incendie n'ont jamais rien fondé, rien amélioré. La gloire et les arts ne sont frères que dans les grands airs d'opéra. Ce ne sont pas les conquérants qui ont avec la poudre et la dynamite, fait sauter les écueils, percé les montagnes et les isthmes pour rapprocher les nations. Ils ont passé en détruisant successivement les œuvres de leurs prédécesseurs et n'ont laissé sur la terre que des ruines. Les guerriers, on peut leur appliquer en toute vérité ce dicton populaire, n'ont pas même inventé la poudre.

Ce ne sont pas non plus les soldats romains qui ont civilisé l'Europe, pas plus qu'Attila et les Huns. Leurs légions ont conquis les Gaules et la Belgique en massacrant nos aïeux et en les emmenant en captivité pour en faire des esclaves, des gladiateurs ou des bourreaux.

C'est la parole, c'est l'idée, c'est le Verbe en un mot, qui ont transformé l'humanité. Ceux qui ont fait de nos aïeux des citoyens libres et respectueux des droits de leur prochain n'avaient qu'une croix et qu'un bâton. Ils ne tuaient point; ils savaient mourir. Leurs disciples, nos ancêtres, ont bâti des cités, des églises, des écoles. Ces disciples ont des successeurs dignes d'eux et ces apôtres ont des fils spirituels que le martyre n'effraye point, qui sillonnent l'Orient, l'Afrique et les Indes.

Ayons confiance. L'unité nationale a été faite par nos pères. A nous et à nos enfants de réaliser l'union internationale. L'œuvre est grande mais n'est point au-dessus de l'ambition humaine. Prêchons inlassablement le droit, la justice et la charité en matière internationale par la parole et par nos écrits.

Soyons optimistes parce que nous avons la vérité avec nous, et prêchons l'optimisme. Le pessimisme n'a d'ailleurs jamais rien créé.

Peut-être assistons-nous aux dernières convulsions du Minotaure de la guerre et son agonie en ce qui concerne les nations civilisées a-t-elle déjà commencée. Il porte encore des coups redoutables, mais ses jours sont comptés et sa mort est certaine.

La parole et la plume triompheront de l'épée; la chaire de l'apôtre et de professeur aura raison du canon; la presse rotative écrasera la mitrailleuse.

« Paix à tous les hommes de bonne volonté. »

4.1

PROJET DE RÉSOLUTION

Le premier congrès national de la paix proclame que le premier devoir des écrivains est de défendre inlassablement les principes suivants :

1. Tous les pays civilisés ont les mêmes droits au respect de leur indépendance et de leurs frontières.

2. Dans les différends internationaux ils ont tous pour premier devoir social de ne point se faire justice à eux-mêmes et de recourir au tribunal de La Haye ou à l'arbitrage.

Premier Congrès National de la Paix (1913)

5. — QUESTIONS DIVERSES

La Théosophie et la Paix

RAPPORT

PRÉSENTÉ PAR

M. F. WITTEMANS

au nom de la Ligue Théosophique Belge
pour la Paix Universelle.

1. La Société Théosophique. — La Société Théosophique a été fondée en 1875, par H. P. Blavatsky et H. S. Olcott, dans le but : 1º de former le noyau d'une fraternité universelle dans l'humanité sans distinction de race, de croyance, de sexe ou de couleur ;

2º D'encourager l'étude des relations comparées, de la philosophie et des sciences ;

3º D'étudier les lois inexpliquées de la nature et les pouvoirs latents dans l'homme.

La Société Théosophique est répandue depuis longtemps sur le monde entier. D'après le rapport publié en 1912 par le quartier général de la Société établi à Adyar (Madras), elle comprenait, au 31 octobre 1911, 21,464 membres actifs, appartenant à 876 loges, dont 426 sont réparties entre 19 sections nationales et

41 sont situées dans des pays n'ayant pas encore 7 loges, nombre minimum pour constituer une section nationale.

La Société est présidée depuis 1907, par Mme Besant, femme qui joint à la science du savant, une autorité morale incontestée, ainsi que des facultés extraordinaires de clairvoyance, qualités qui lui ont permis d'écrire des ouvrages qui sont comme des phares pour le monde avide de lumière et de sagesse, tels *La Sagesse antique, Le Christianisme ésotérique, Les Maîtres et l'œuvre théosophique, La Généalogie de l'homme, Le pouvoir de la pensée, Le Sentier du disciple,* etc.

2. ENSEIGNEMENT THÉOSOPHIQUE. — La Société Théosophique n'a pas de dogmes ; elle laisse ses adhérents libres de croire ce que leur conscience leur révèle. Cependant, fidèle à sa devise : « Il n'y a pas de religion supérieure à la vérité », elle enseigne la somme des vérités qui forment la base de toutes les religions et qu'aucune d'elles ne peut réclamer comme son bien exclusif. Ces vérités peuvent être résumées comme suit :

a) L'essence de la théosophie consiste dans la certitude que l'homme est divin par sa nature et peut connaître le divin dont il partage la vie. La vie divine c'est la présence de l'esprit dans tout ce qui existe. Ainsi tous participent à une même vie, forment une même fraternité. *La solidarité de l'homme est donc une vérité fondamentale* découlant de l'immanence de Dieu ;

b) Le principe de l'homme s'identifiant avec l'Esprit, l'intelligence et le corps doivent être considérés comme des serviteurs : *le progrès de la conscience spirituelle se fait au moyen de l'évolution dans des corps successifs, c'est-à-dire par la réincarnation ;*

c) Les milieux dans lequel se déroule ce progrès sont les trois mondes, la terre, le monde intermédiaire et le ciel ;

d) Ce progrès s'accomplit grâce à la loi universelle de l'entr'aide ; les plus avancés aident les moins avancés dans leur évolution d'une façon le plus souvent invisible. *Un exemple sublime de cette aide consiste dans l'existence des Instructeurs divins, arrivés au terme final de l'évolution terrestre, mais qui restent sur cette terre ignorés de la grande masse.* Ces instructeurs divins sont appelés aussi les Maîtres de la Sagesse ;

e) L'élément le plus important dans notre progrès spirituel est le contrôle de nos pensées ; ce sont nos pensées qui provoquent

5.1

nos désirs et ceux-ci entraînent d'une façon infaillible nos actions. La Théosophie enseigne ainsi que *les pensées sont plus importantes que les actions comme étant la cause même de toute action.*

3. Ordre de service de la Société Théosophique. — Les
enseignements de la Théosophie constituent la base de la religion
de l'avenir; pour préparer les hommes à recevoir cette religion,
qui sera la mère d'une nouvelle civilisation, la Société Théosophique a à accomplir actuellement une mission de pionnier. —
Comme le dit un Maître de la Sagesse, « la Théosophie ne pourra
trouver son expression réelle que dans un code de vie, embrassant
la totalité des êtres et entièrement imprégné de l'esprit de tolé-
rance mutuelle, de charité et d'amour fraternel. »

Pour réaliser ce but élevé, un Ordre de service a été fondé au
sein de la Société Théosophique. Ses membres cherchent à adapter à la vie journalière les conceptions auxquelles ils sont arrivés
et à les modeler en formes utiles. De nombreuses ligues relèvent
de cet Ordre de service et ont pour objet les points les plus divers,
comme par exemple :

Le relèvement des classes déprimées aux Indes anglaises ;
L'abolition des mariages entre enfants aux Indes anglaises ;
L'abolition de la vivisection en Angleterre ;
La réforme de l'éducation en France, Angleterre et Pays-
Bas ;
La diminution de la souffrance en France ;
Le développement de la pureté sociale à Chicago ;
La Table Ronde pour la formation de la jeunesse en France, en
Angleterre, aux Pays-Bas, en Australie et en Nouvelle-Zélande.

En Italie s'est constituée en 1910, une *Ligue pour le pouvoir de
la pensée.*

Aux Pays-Bas, s'est fondée en 1911, une *Ligue pour la Paix
universelle.*

La Société Théosophique de Belgique en fondant une semblable ligue a été d'avis que le service le plus considérable qu'on
puisse rendre à l'humanité est de travailler à la suppression de la
guerre.

4. Le pouvoir de la pensée comme action pacifiste. —
La Ligue Théosophique belge pour la paix universelle a comme

sa ligue-sœur des Pays-Bas, pris le pouvoir de la pensée comme domaine d'activité. Ce domaine est encore peu connu de la plupart des gens ; quelques considérations suffiront à en faire comprendre toute l'importance :

Il est démontré par la science que les ondes éthériques se transmettent d'une manière illimitée ; non seulement les rayons de la lumière se répandent ainsi dans l'espace, mais encore les ondes invisibles de l'électricité, notamment les ondes hertziennes répercutent leur mode spécial de vibration avec une précision étonnante ; — la science reconnaît que la pensée est aussi une force agissant à distance, pouvant impressionner le cerveau d'autrui de la même manière qu'un message de la télégraphie sans fil impressionne un appareil, et transmettant également son mode spécial de vibration sous forme d'image, de son, de mots ou de concept quelconque formulé par notre imagination (1).

En réalité la plupart des idées que nous formulons et exprimons nous sont venues ainsi de l'extérieur d'une manière inconsciente ; le monde exprime cette vérité en disant que telle ou telle idée est dans l'air ;

Cette transmission de pensée est soumise à certaines lois, notamment les suivantes : plus la pensée est claire et forte plus grande est son pouvoir radio-actif ; l'émission collective de pensées d'une même nature est plus puissante que l'émission de pensée individuelles ; l'action de la pensée est plus grande à certains moments qu'à d'autres, par rapport à l'état d'esprit de la personne émettant la pensée et à l'état de réceptivité de la personne qui la reçoit ; certains moments du jour, le matin, le midi et le soir sont ainsi d'une importance cosmique bien déterminée.

En conformité avec ces principes, la Ligue Théosophique Belge pour la Paix universelle a institué un travail collectif par la pensée, tenant compte d'autre part des éléments indiqués ci-après.

---

(1) D'après ce qui a été reconnu actuellement, la pensée modèle d'une façon automatique ce qu'on appelle la matière mentale, c'est-à-dire un état de la matière qui est sensible à l'action de la pensée ; l'esprit se manifestant dans la matière, la pensée anime cette matière mentale d'une énergie déterminée, qui se transmet et agit au dehors.

5. Formules de méditation de la Ligue Théosophique Belge pour la Paix universelle. — Des formules spéciales ont été indiquées par la Ligue pour chaque mois de l'année; pour la première année, ces formules se rapportent aux quatre ordres d'idées suivantes :

1º Les trois premières formules de méditation ont été empruntées au rôle que la Belgique joue dans le concert des nations. Par le lien de solidarité qui lie les peuples comme les individus, chaque nation est appelée à remplir un but déterminé, en rapport avec son passé, son caractère, ses aspirations et l'utilité qu'elle peut offrir. C'est en se rendant bien compte de la note spéciale du peuple auquel on appartient, qu'on peut le mieux la faire sonner dans le concert des nations (1);

2º Les formules suivantes se rapportent à l'action individuelle des membres de la Ligue dans la société humaine, qu'ils doivent manifester afin que les idées de paix, d'harmonie et de domination des passions inférieures deviennent des réalités vivantes dans le cercle où ils se meuvent. La force de l'exemple est sans limites; à ce point de vue, l'individu agit en souverain; une forte volonté dirigée d'une manière consciente tient en équilibre bien des forces nuisibles. En matière pacifiste l'individu reconnaît de plus en plus qu'il n'est pas sans moyen d'action en face des tendances belliqueuses; il sent que comme citoyen il a le pouvoir d'agir et le devoir d'agir contre d'autres citoyens qui, à raison de leur situation politique plus élevée voudraient pousser à la guerre. En dernière analyse ceux qui déclarent la guerre ont à résoudre préalablement un problème de conscience; dans les facteurs qui entrent en ligne de compte dans leur conscience, se trouvent *notre* opposition à la guerre, *nos* ardentes pensées de paix et d'harmonie, *notre* compréhension d'une humanité supérieure, *notre* volonté bien arrêtée de nous opposer à un véritable

---

(1) Une application de ces données a été faite par la Ligue Théosophique néerlandaise pour la Paix universelle, en vue de l'inauguration du Palais de la Paix qui aura lieu cette année à La Haye; tenant compte du rôle que les Pays-Bas ont à jouer pour l'établissement de la paix mondiale, cette Ligue invite ses membres à remplir le Palais de la Paix de leurs pensées de paix et de fraternité qui doivent rejaillir de là sur le monde entier.

déchaînement du mal que dans l'immense majorité les hommes désirent éviter ;

3° Une troisième série de formules se rapporte à la collaboration consciente avec les Guides de l'humanité dont l'action en faveur de l'établissement d'une paix durable entre les hommes est enfin sur le point de triompher, maintenant que ceux-ci sont arrivés à comprendre que la solution des conflits au moyen de la violence et de la force brutale des armes doit être remplacée par l'arbitrage. Ces Maîtres de la Sagesse, qui sont aussi des foyers vivants de Fraternité et de Solidarité, en répandant des courants spirituels d'amour et de paix dans le monde, ont en bien des circonstances pu arrêter de nouvelles explosions de luttes armées, les hommes devenant de plus en plus sensibles à la loi de fraternité. Il appartient aux plus avancés dans cette compréhension de la loi de solidarité qui relie tous les êtres, d'unir leurs efforts individuels aux forces supérieures qui guident l'humanité vers un stade plus élevé ;

4° Les dernières formules sont empruntées à un message que les Maîtres de la Sagesse et leurs disciples apportent à l'humanité, à savoir la venue prochaine de celui qu'ils appellent l'Instructeur suprême du monde, celui qui fut le Christ il y a 2,000 ans. Le retour de celui-ci nous est annoncé comme devant dénouer la crise formidable tant sociale qu'économique, tant philosophique que religieuse, dans laquelle se trouve la société actuelle, que chacun sent être à un tournant décisif, et comme devant jeter les bases de la religion de l'avenir, qui unifiera les principes fondamentaux de toutes les religions avec les enseignements ésotériques de l'occultisme ; cette religion sera spécialement celle de la race humaine nouvelle en formation en Amérique.

La seconde venue du Christ annoncée par les Évangiles apportera à la masse de ceux que la lettre n'a point tués mais qui sont vivifiés par l'Esprit, une révélation nouvelle en rapport avec l'évolution accomplie par le monde occidental depuis sa première venue. Cette révélation a déjà été reçue intérieurement par de nombreux penseurs et fervents de l'idéal ; elle est pressentie par tous ceux qui ont abandonné les religions actuelles à cause de leurs abus dogmatiques, par ceux qui ne comprennent pas la vie et cherchent à en pénétrer la signification, et par les opprimés, les affamés et les prolétaires qui rêvent une réorganisation de la société et attendent avec confiance une loi nouvelle de paix sociale et de fraternité comme devant être la religion de l'avenir.

Or, il est dit, et ceux qui attendent cette ère le sentent et le proclament, que le début en sera retardé aussi longtemps que durera l'état latent de guerre et de tension extrême entre les pays qui les empêche d'oublier leurs rivalités et de s'unir. Il y a là pour les théosophes un motif spécial de travailler à l'établissement de la Paix universelle.

Premier Congrès National de la Paix (1913)

Projet de Création d'un Comité permanent
des Sociétés Belges de la Paix

Il serait désirable que les Pacifistes belges, réunis pour la
première fois en Congrès, créent un organisme permanent chargé
non seulement de veiller à l'exécution des résolutions adoptées et
de préparer les congrès ultérieurs, mais encore et surtout d'organiser le mouvement en Belgique d'une manière efficace par
la coordination de tous les efforts.

Il y a peu de mouvements dans notre pays où nous pouvons,
comme ici, voir groupés et fraterniser sans arrière-pensée des
hommes appartenant à tous les partis politiques, à toutes nos
écoles religieuses et philosophiques. C'est que l'idéal que nous
poursuivons est essentiellement humanitaire. Nous pouvons
différer, et nous différons certes sur les moyens à employer pour
transmuer notre idéal en réalité, mais ce que nous voulons tous
énergiquement, poussés les uns par notre foi, les autres par notre
idéal philosophique, c'est la substitution de la justice à la force
pour solutionner tous les conflits entre les États. Dès lors, nous
sommes solidaires, nous devons nous entendre pour créer en
Belgique, une politique, une opinion, une école, une presse pacifistes. Comment y parviendrons-nous, si nous laissons nos forces
dispersées comme elles le sont actuellement. Pour entraîner la

masse, il faut l'édifier par une organisation forte, consciente de cette force, une organisation faisant partout sentir son influence et susceptible dans les moments critiques de frapper un grand coup.

En France déjà, existe un organisme similaire, la « Délégation permanente des Sociétés françaises de la Paix », dont les attributions ont été ainsi déterminées :

« Cette délégation, instituée à l'occasion du premier Congrès » national à Toulouse (1902), a pour mission : 1º d'élaborer le » programme du prochain congrès national ; 2º de servir d'organe » aux Sociétés françaises de la Paix, au cas où les événements » extérieurs exigeraient une manifestation publique de l'opi- » nion pacifique ; 3º de rechercher les moyens d'organiser l'ac- » tion commune des groupements pacifiques français. » Des centre analogues existent en Allemagne, en Grande-Bretagne, aux États-Unis et il est question d'en organiser un en Italie en ce moment.

Le comité permanent dont nous proposons la création aurait les mêmes attributions.

Lorsque notre congrès sera terminé, il s'agira de liquider les comptes, de publier les rapports et les débats, d'assurer la publicité aux décisions, etc. Il faudra donc que le comité d'organisation se réunisse à différentes reprises. Si nous organisons de futurs congrès, ce qui ne semble pas douteux, de nouvelles réunions seront indispensables. La nécessité d'un corps permanent est donc évidente.

Son utilité n'est pas moins certaine à un point de vue général. Lorsque des événements graves surgiront, il y aura lieu d'éclairer l'opinion publique et une entente dans ce but entre les divers groupements pacifistes belges assurera de l'unité aux protestations à élever dans la presse ou au moyen de conférences, de brochures, d'affiches, etc. Actuellement, une telle action est poursuivie sans plan d'ensemble, alors qu'il faudrait donner de l'homogénéité à notre propagande. Ce qui se fera acquerra ainsi plus d'importance, imposera davantage le respect.

Il va de soi que l'indépendance des groupements actuels restera complète, leur action absolument autonome ; la politique générale seule sera unifiée.

Ce contact fréquent entre les Associations de paix et les Sociétés susceptibles de les aider dans la propagation de notre programme aura pour conséquence de susciter l'émulation, facteur fécond de travail et de progrès.

Indépendamment de cette activité occasionnelle dictée par les événements, le Comité aurait une activité permanente. Il ne suffit pas d'attendre les événements graves pour agir. Il est alors bien souvent trop tard. Les esprits sont souvent préparés à ces événements par toute une polémique de presse savamment poursuivie. Il faut réagir contre ces tendances, éclairer l'opinion par des articles documentés. Il faut aussi lui faire connaître le but précis du mouvement pacifiste et la possibilité de l'atteindre. Le public est ignorant de notre programme. Il considère bien la guerre comme un désastre, mais la croit inévitable. Il se représente les pacifistes commes des utopistes et des rêveurs et les confond avec les antimilitaristes. Il faut dissiper ces préjugés, montrer que la justice internationale est possible, que la vie économique des peuples loin de les pousser à la guerre, les oblige à vivre en paix, que le pacifisme bien compris loin d'être incompatible avec le patriotisme, constitue en réalité une nouvelle forme du patriotisme plus conforme avec les aspirations sociales de notre temps.

Ce but ne peut être atteint que par des tournées de propagande dans tous les endroits, dans tous le milieux, par des chroniques circonstanciées adressées aux journaux et revues. Le personnel enseignant surtout doit être éclairé par nos soins. Il faudrait pouvoir, à cette fin, mettre à la disposition du corps enseignant et des propagandistes, une importante documentation pacifiste : livres, brochures et articles intéressants, œuvres littéraires, chœurs et chants. On réunirait aussi les noms des artistes, amateurs ou professionnels, susceptibles de prêter leur concours. Seul un organisme central permettra de répartir la besogne, d'organiser le travail, de manière à éviter les doubles emplois, les efforts multipliés, les recherches renouvelées, le gaspillage inutile d'un temps précieux. En centralisant quelque part tous les documents et tous les renseignements, bien des bonnes volontés seraient stimulées, car elles sauraient où s'adresser.

La propagande pacifiste jusqu'à présent est restée à peu près à l'état chaotique. Combien y en a-t-il parmi les convaincus et les

5.

militants qui connaissent l'organisation générale du mouvement de la paix dans le monde ! Combien y en a-t-il qui connaissent exactement le programme du pacifisme et ses possibilités de réalisation. Cette situation doit prendre fin. Tous ces convaincus et ces militants doivent se sentir les coudes, se soutenir mutuellement, ne dépenser leur énergie qu'à bon escient. Il ne peut évidemment s'agir ici d'entrer dans les détails. Ce sera au Comité d'organisation, s'il est maintenu, à y songer. Il suffira aujourd'hui de se prononcer sur le principe. Il vous est proposé, à cette fin, de voter la résolution ci-dessous :

RÉSOLUTION

Le premier Congrès National de la Paix, réuni à Bruxelles, les 8 et 9 juin 1913, décide :

1° De créer une Délégation permanente des Sociétés belges de la Paix ;

2° Charge son Comité d'organisation d'étudier le fonctionnement détaillé de cette Délégation et de présenter un rapport définitif sur la question lors du prochain Congrès ;

3° Charge son Comité d'organisation de prendre, dans l'intervalle et si les circonstances l'exigent, des mesures pour combattre les tendances belliqueuses qui pourraient surgir.

Premier Congrès National de la Paix (1913)

5. — QUESTIONS DIVERSES

Pax Œconomica

RAPPORT

PRÉSENTÉ PAR

HENRI LAMBERT

Parmi les maux qui frappent les collectivités humaines, le plus redoutable : la Guerre, eut de tout temps des origines auxquelles n'étaient pas étrangères l'ignorance, par les masses, et la méconnaissance, par les dirigeants, de certaines vérités économiques de primordiale importance. La raison où, simplement, le bon sens eussent dû, semble-t-il, suffire à faire éclater ces vérités tout élémentaires aux yeux de la plupart des hommes. Hélas ! aujourd'hui encore, il est bien loin d'en être ainsi, même chez les hommes très instruits ! Serait-elle donc vraie cette observation, faite par Voltaire, qu' « avec les diamants et les perles, le sens commun est, au monde, ce qu'il y a de plus précieux mais aussi de plus rare »? Nous nous proposons de montrer que de graves et étonnantes erreurs dans la conception et dans la pratique de l'économique seraient — plus, sans aucun doute, que pour aucun cas de guerre dans le passé — et surtout depuis l'inévitable règlement par les armes de la question des Balkans — à l'origine de l'effroyable cataclysme, qui, désigné d'avance sous le nom de conflagration européenne, menace à l'heure actuelle la plus grande partie de l'humanité civilisée.

... par des intérêts ... la ...
moins avouable ou la plus entachée d'...
... de la guerre et célébrer les bienfaits de la Pa...
... l'esprit, œuvre de poète vaine parce que de pur...
... Pour éviter ces maux, pour assurer ces ...
... les guerres et instaurer la Paix, il n'est qu'un m...
... la cause des antagonismes qui menacent la paix ...
... s'en prendre à cette cause même ...
... que celle-ci se trouve principalement dans les ...
... économiques défectueuses des rapports internation...
... connaître et mieux comprendre combien la m...
... de certaines grandes vérités économiques, ...
... comme par les dirigés des peuples, est à la fois ...
... leur sécurité et préjudiciable à leurs intérêts ...
... ...ment, par un moyen pratique et rapidement ...
... pourrait remédier à la cause économique des dis...
... ...sistants qui se manifestent entre les grandes n...

... son dernier numéro (25 mars 1919), la Revue parisie...
Pros..., déclare que si quelque chose est bien démontré ...
... que les arguments des pacifistes en faveur de la Paix ...
... sont insuffisants à transformer le monde. La preuve ...
... que c'est fait. Le bon sens, l'équité, tout ce qu'on peut ...
... ...e philosophique ou la démonstration scientifique, tout ...
... leur persuasive. C'est étrange, invraisemblable, mais c'est ...
... nous devant la triste réalité : *Vae Victis*, vraiment : La ...
... au progrès n'est pas la démonstration par la raison, mais ...
... ...tion par le malheur [!]
... ...gir de la faillite du pacifisme idéologique — et plus ...
... ...gne. Mais il est permis de différer d'avis avec M. Charles ...
... ...stein quant à la prétendue impossibilité d'empêcher l'huma...
... ...ment de la vérité par l'école du malheur.

européennes et atténuer suffisamment cette cause pour gagner le temps indispensable à sa suppression : tel serait l'effort pacifiste, vraiment opérant, que nous voulons essayer d'entreprendre.

I

Nous demandons à ceux qui nous font l'honneur de nous lire de commencer par considérer avec nous la question pacifiste d'un point de vue très théorique, mais qu'ils reconnaîtront bientôt, pensons-nous, beaucoup moins spéculatif ou métaphysique qu'il n'aura paru au premier abord.

Les hommes et les sociétés humaines appartiennent à la Nature, dont ils ne sont que parties intégrantes. La vie des hommes en société, les relations des sociétés entre elles, sont soumises à l'ordre naturel des choses et ne peuvent se dérouler harmonieusement que si elles se déroulent « naturellement ». L'ordre naturel des choses apparaît aux hommes et se conçoit par eux sous forme de lois naturelles : celles-ci ne se trouvent évidemment inscrites nulle part dans la nature, mais elles sont la traduction et l'expression humaines de l'observation des phénomènes naturels et des rapports qui existent entre eux. Pour être harmonieuses, la vie des hommes en société, les relations des sociétés entre elles, doivent satisfaire aux « lois naturelles ».

Il y a sans doute une loi naturelle fondamentale, une loi naturelle primordiale, régissant l'univers dans toute son universalité : cette loi des lois ne pourrait être qu'une loi générale de progrès vouant la matière, par le moyen des propriétés qui y sont attachées, à un travail de transformation et d'ascension, lent mais incessant et sûr, vers le Bien, le Beau, le Juste. Il n'est personne, en possession d'une raison, qui puisse prétendre qu'il conçoit l'ensemble universel des choses et des phénomènes comme pouvant être sans but, comme pouvant « être sans raison d'être ». Il n'est personne qui soit capable de concevoir à l'ensemble des choses et des phénomènes un autre but, une autre raison d'être que l'amélioration, le perfectionnement, le progrès indéfini vers le Bien, le Beau, le Juste et la Félicité. *L'ensemble universel, de même que chacune de ses parties, est soumis ou doit obéir à la Loi du progrès.* La raison, s'appuyant sur l'observation directe des choses et des phénomènes, dans les domaines géologique, biologique et sociologique, permet, selon nous, de produire cette affirmation à l'état d'hypothèse scientifique.

L'humanité n'est qu'une des innombrables et multiformes manifestations de la matière en travail de perfectionnement et d'ascension et les lois naturelles qui président à l'évolution humaine ne peuvent être que des lois secondaires, dérivées et dépendantes, de la loi générale de progrès. Pas de vie harmonieuse des hommes en société, pas de relations harmonieuses des sociétés humaines entre elles en dehors des conditions permettant à la Loi du Progrès d'accomplir ses effets : toute tentative de mettre obstacle à cet accomplissement sera une révolte, un crime contre la Nature même, et deviendra, tôt ou tard, l'objet d'une sanction rectificatrice, automatiquement appliquée, se manifestant sous la forme de ce que nous appellerons un « châtiment ».

Or, le phénomène naturel le plus caractéristique et la condition la plus indispensable de l'évolution progressive de l'humanité, *c'est la division du travail avec l'échange des produits du travail*. La suppression de la division du travail et de l'échange marquerait le retour de l'homme à l'état le plus primitif ; tout empêchement à leur développement entre les membres d'une collectivité économique se traduit fatalement par un arrêt ou un ralentissement des progrès dans l'état économique et moral de l'individu ainsi que dans l'état social de la collectivité. De même, les empêchements à l'accomplissement de ce phénomène naturel entre les collectivités économiques ne peuvent avoir pour conséquence que le ralentissement ou l'arrêt de l'avancement économique de ces collectivités et des individus qui les composent, condition initiale indispensable de leur avancement dans l'ordre moral et social. Leur régression vers l'état de barbarie est à craindre. La guerre — et surtout la défaite entraînant l'assujettissement définitif ou momentané, — apparaissent comme l'une des sanctions ou l'un des châtiments qui finissent par frapper les nations quand opposant des obstacles au développement entre elles de la division du travail et de l'échange, elles faillissent à la mission d'accomplissement mutuel des progrès économiques, moraux et sociaux, indéfinis, parallèles et *adéquats*, que la nature assigne à l'humanité.

La guerre a eu souvent d'autres causes ; peut-être pourra-t-elle en avoir encore ; mais elle aura de moins en moins d'autre cause, à mesure des conditions et nécessités nouvelles de l'avancement dans la voie de la civilisation — qui n'est que la mesure impartie aux humains, en tant que collectivités nationales, dans l'œuvre universelle d'ascension de la matière vers le « Bien, Beau et Juste absolus ».

II

Le progrès civilisateur est irrésistible ; il n'est que momentanément compressible, parce qu'il est dans les destinées humaines, répondant à l'irrésistible et incompressible besoin d'un mieux-être indéfini. Il peut se réaliser ou s'imposer de deux façons : dans la paix ou dans la guerre ; par les idées ou par la force. Dans les périodes historiques où l'humanité se montre digne de ses destinées, les progrès s'accomplissent par les idées et dans la paix sociale et internationale ; dans les périodes où elle leur sera inférieure, les progrès ne s'arrêteront pas, mais ils ne pourront se réaliser que par la violence, dans les soulèvements ou par la guerre : les peuples supérieurs et forts imposeront alors les progrès aux peuples en déchéance momentanée ou, simplement, attardés dans de graves erreurs.

Dans les conditions qui seraient celles de la guerre moderne, il ne peut y avoir de nation très puissante par les armes que celle qui dispose, en même temps, d'une très grande puissance économique. Fatalement une telle nation finira par devenir libre échangiste ; en raison de ses besoins et de son pouvoir d'expansion et de pénétration, elle ne pourra pas ne pas le devenir. La force de ses armes, elle la mettra, tôt ou tard, au service du libre-échange : elle exigera la libre-entrée chez les autres et, économiquement forte, n'hésitera guère à la consentir en même temps, chez elle. Cette nation ne tardera pas alors à se rendre compte, plus ou moins instinctivement peut-être, que l'enrichissement indéfini d'un pays n'est possible que moyennant l'enrichissement des autres pays, qui sont ses clients ou ses fournisseurs : le libre-échange se trouvera introduit par la force et le progrès sera instauré par la guerre. Mais, au prix de quelles humiliations et de combien de souffrances pour les vaincus !

Cette conception des progrès politiques et économiques transportés et imposés par les armes est brutale, certes, et « inhumaine ». Mais est-il quelqu'un qui soit absolument certain qu'elle n'est, *dans certains cas,* conforme aux destinées, aux nécessités de l'évolution progressive de l'humanité (1) ? Quand le chancelier Von Bethman Hollweg déclarait, il y a quelque temps, que « les faibles doivent être dominés par les forts », il énonçait une vérité — plus inéluctable et moins barbare qu'il ne croyait sans doute lui-même, — *du moment où ses paroles s'appliquaient aux relations internationales sous le régime actuel du protectionnisme généralisé.* Le protectionnisme est un système de régression, de violence, de quasi-barbarie, économiques, morales et sociales : s'il n'est pas vaincu par les idées, il le sera par la force.

Tel est, nous allons le montrer, le dilemme qui se pose à l'Europe. Les ententes et alliances entre certaines nations, en vue de la constitution d'un équilibre européen — d'autant plus instable et plus dangereux pour la civilisation, qu'il sera plus formidable et plus général, — ne pourront pas éviter que se produisent les événements — état de guerre ou état de paix, — que prévoit le dilemme. Ces coalitions ne pourront empêcher qu'une confirmation immédiate et rigoureuse des conclusions sociologiques : le libre-échange européen pourra ne pas se trouver instauré, après une conflagration générale de l'Europe dont les peuples économiquement les plus avancés pourraient ne pas sortir victorieux. Ce serait alors à recommencer. L'Europe — si elle se relevait, ce qui reste douteux, — se retrouverait, après quelque temps, devant le redoutable dilemme.

III

L'Antiquité civilisée vécut pendant près de quatre siècles, dominée par les intérêts exclusifs de Rome et soumise à la *Pax Romana.* Ce furent, dans la suite des temps, alternativement les empereurs d'Allemagne et les rois de France, qui dans les plis de leur manteau portèrent la paix ou la guerre. Vinrent Frédéric II et Napoléon, roi et empereur des batailles. L'humanité

---

(1) Cette conception peut se dégager, au moins implicitement, de la doctrine du matérialisme historique (ou du déterminisme économique dans l'ordre historique) qui est probablement la seule doctrine juste parmi celles de Karl Marx.

5.3

contemporaine fait le vœu fervent que Guillaume II continue
à mériter, devant l'Histoire, le titre, à jamais glorieux, d'Empereur de la Paix.

Mais, la *Pax Germanica*, sous le régime de laquelle l'humanité
vit depuis bientôt un demi-siècle, n'a pu et ne pourra jamais être
qu'une *paix armée*, représentant plutôt un formidable armistice
ou une veillée générale des armes, auxquels l'Europe entière par-
ticipe, en s'épuisant en préparatifs d'une destruction des hommes
et des choses, d'un anéantissement de civilisation, d'un cataclysme
humain, dont l'étendue et l'horreur défient l'imagination. Et,
malgré l'abominable perspective, personne ne croit plus à la possibilité, et bientôt n'aura peut-être plus le désir, de conserver
indéfiniment cette paix armée ! Un vertige de suicide a semblé
parfois s'emparer de l'Europe. Faut-il donc désespérer qu'à la
Pax Germanica, si précaire et si lourde aux peuples, puisse succé-
der immédiatement une paix plus stable et qui leur soit bienfaisante? Nous ne le croyons pas. Mais ce que nous avons pour but
de faire comprendre et admettre, c'est que, si l'effroyable conflagration européenne peut être évitée, ce ne sera que par le
progrès des idées et l'établissement d'une paix économique : par
la *Pax Œconomica*.

L'Histoire économique du monde n'a jusqu'ici enregistré aucun
fait plus important que l'avènement du libre-échange en Angleterre, à la suite de la campagne mémorable de Cobden contre les
droits sur les blés ; et il ne pourrait (comme nous le montrerons)
se produire au cours du XXᵉ siècle, au point de vue de la paix
internationale et du vrai progrès humain, qu'un seul fait plus
heureux et plus décisif que le résultat des dernières élections
anglaises, qui écarteront définitivement — ou du moins pour un
temps pratiquement indéfini, — l'avènement d'un protectionnisme consacrant l'isolement et l'exclusivisme économiques de
l'empire britannique. Aux mêmes points de vue — paix et progrès de l'humanité, — la recrudescence du protectionnisme en
France, depuis quelques années, est un fait infiniment regrettable.
Les Anglais restent les puissants et magnifiques pionniers de la
vraie civilisation. Quant aux Allemands, dépourvus de colonies —
n'ayant pas eu, comme les autres peuples, l'occasion de prendre
par la force leur part des territoires et des pays nouveaux, — en
possession d'une industrie se développant, *comme celle de tous les*

autres pays, trop puissamment pour les besoins intérieurs ; très justement et légitimement inquiets et obligés d'ailleurs, pour le plus grand bien de l'humanité, de déverser sur les marchés étrangers une partie importante de leur colossale production ; quant aux Allemands, disons-nous, l'éventualité de la fédération douanière et de la fermeture des marchés anglais, jointe à celle de leur exclusion des marchés coloniaux français, leur est, à tort ou à raison, apparue comme une question quasi de vie ou de mort industrielle. Protectionnistes chez eux — et bientôt : malgré eux, en attendant leur inéluctable évolution libre-échangiste, — les Allemands désirent la libre-entrée ou tout au moins une liberté commerciale étendue chez les autres : ils en vivent et, au besoin, se considèreraient contraints à l'exiger par la force. Tels apparaissent clairement la vraie cause et le vrai but — défensifs, en somme, beaucoup plus qu'agressifs, — des formidables armements de l'Allemagne sur mer ainsi que sur terre, sans oublier ses armements aériens. La politique de la porte ouverte de la part de l'Angleterre est, sans doute, la condition de l'état de paix actuel, du maintien de la *Pax Germanica*. La considération du danger de guerre n'est certes pas celle à laquelle ont obéi les électeurs anglais, mais il n'en est pas moins certain que, si l'Europe n'est pas dès maintenant condamnée irrémédiablement à subir les horreurs de la plus effroyable des guerres, c'est à la victoire électorale des *free-traders* anglais qu'elle le doit.

IV

Les intérêts économiques sont partout, à notre époque, la cause et le but de la politique internationale. Partout où il sévit, le protectionnisme sépare les intérêts, les irrite et les oppose. Le libre-échange tend à les réunir, à les apaiser, à les développer en les solidarisant. L'enchevêtrement et la solidarité des intérêts économiques internationaux qui résulteront du libre-échange seront seuls susceptibles de former les mailles étroites de l'indestructible filet dont les hommes envelopperont graduellement et par lequel ils réussiront, un jour, à enserrer et contenir définitivement l'hydre de la guerre.

Si les relations économiques peuvent susciter les causes de discorde les plus violentes, elles sont susceptibles, par contre, de nouer les liens d'amitié les plus solides entre les nations (1). Mais, c'est une erreur, funeste, et trop répandue, de penser que le libre-échange ne pourra être que la conséquence finale de la bonne entente entre les peuples ; la liberté des échanges, en effet, ne procède pas de la générosité ; elle est affaire d'intérêt et l'on sait que, moins encore entre les nations qu'entre les individus, l'amitié ne détermine les affaires : le libre-échange est la condition PRÉALABLE *sine qua non* de la bonne entente internationale.

Les pacifistes paraissent ne pas se rendre suffisamment compte de cette vérité, de primordiale importance pour la cause qui les passionne (2). Aussi, est-il fort à craindre que leurs nobles efforts restent inefficaces ou du moins très insuffisamment opérants. En prêchant l'esprit de conciliation, de concorde, l'honnêteté politique des États, la justice internationale, l'arbitrage, le désarmement, les pacifistes ne s'attaquent pas à la cause ; ils paraissent ne pas voir que l'esprit belliqueux, les iniquités nationalistes, les querelles internationales, les armements et même les prétendues « inimitiés de races » ne sont, à l'heure actuelle, et tout au moins entre les grands États européens, que des effets dont la cause est l'hostilité des intérêts, généralement entretenue par le protectionnisme. De même les efforts pacifistes du prolétariat

---

(1) Une amitié durable et la pratique constante de l'arbitrage sont impossibles entre deux nations protectionnistes ; elles peuvent, à la rigueur, exister entre une nation protectionniste et une nation libre-échangiste ; mais elles finiront certainement par s'établir, avec le temps, entre deux nations libre-échangistes. L'étroite et bienfaisante interdépendance économique des nations que crée le libre-échange fournit la seule garantie naturelle et « réelle », c'est-à-dire la « garantie même » du règlement pacifique des difficultés quelconques qui pourront encore se produire entre les peuples.

(2) Certains pacifistes considèrent cependant nécessaire pour la cause de la civilisation de fondre en une seule les deux propagandes, libre-échangiste et pacifiste. Dans une lettre qu'il nous écrivait, il y a quelques années, et publiée par la *Gazette de Charleroi*, M. H.-L. Follin s'exprimait comme suit : « non seulement tout pacifiste qui ne défend pas le libre-échange ou tout libre-échangiste qui répudie le pacifisme, mais encore tout pacifiste ou tout libre-échangiste *qui n'est pas au même degré l'un et l'autre*, est condamné à l'impuissance ». Nous allons plus loin que M. H.-L. Follin et nous disons que tout libre-échangiste est, par ce fait seul, un pacifiste agissant et opérant.

organisé pourraient, bien plus utilement, se porter contre le protectionnisme que s'employer à la propagande antimilitariste et internationaliste, car, à bien des points de vue légitimement considérés par le prolétariat, la suppression des frontières douanières équivaudrait bientôt à celle des frontières politiques, la rendant même inutile (1). De plus, les prolétaires ne paraissent guère se douter de ce que le protectionnisme représente, d'iniquités et de dommages de la part du capital envers le travail.

Je dénonce le protectionnisme comme étant la cause principale et profonde du grand conflit qui menace la paix du Monde : le protectionnisme, doctrine et système d'erreur et d'ignorance, de spoliation et de banditisme économiques entre citoyens d'un même pays, d'isolement et d'exclusivisme des peuples, de régression économique, morale et sociale des individus et des collectivités nationales, fauteur de jalousies et de haines entre les nations — autant de crimes humains, contre l'humanité criant vengeance au Ciel !

Seul, le libre-échange, après avoir été l'origine et l'indispensable condition initiale de la concorde internationale, pourra édifier le fondement — formé des intérêts et cimenté par les idées et les sentiments, — d'une paix générale définitive, qui sera la *Pax Œconomica*.

V

Nous avons déclaré entreprendre de montrer comment, par un moyen pratique et rapidement réalisable, il serait possible de remédier à la cause principale des antagonismes internatio-

----

(1) La conception idéaliste des « États-Unis d'Europe » de Victor Hugo, et celle, économique, de la « fédération européenne » de notre regretté ami, M. Jacques Novicow, nous apparaissent, à l'heure actuelle, comme utopiques et même, peut-être, jusqu'à un certain point, antiprogressistes. L'internationalisme socialiste est une conception plus positive ; signifiant « relations entre nations », elle suppose, en tous cas, des nations. Mais aucune conception n'est plus internationaliste que le libre-échange. Faisons remarquer qu'elle favorise la conception et la restauration des nationalités ethniques, qui est une des aspirations les plus légitimes et les plus respectables qui se manifestent à notre époque — et dont le principe, comme l'a lumineusement démontré Novicow, est au fondement de l'ordre international et social.

naux — c'est-à-dire au protectionnisme, — et d'atténuer suffisamment cette cause pour s'assurer le temps indispensable à sa
suppression. Nous ajoutons immédiatement que notre solution
n'exigerait d'aucun peuple un sacrifice sérieux ni même réel.

On conçoit l'irritation que font naître la conquête et l'isolement
douanier, par une nation, de territoires neufs et jusque-là ou-
verts au commerce de tous, d'où désormais les autres nations
seront plus ou moins exclues. Mais quel inconvénient y a-t-il à
voir une nation exercer la suprématie politique, avec ses charges,
sur une contrée restant ouverte au commerce international?

Le Traité de Berlin a imposé, comme on le sait, à la colonie
belge du Congo — alors État Indépendant, — la liberté commerciale : il semblait indifférent aux signataires de cet acte qu'un
État et une nation nouvelle se fondent au centre de l'Afrique,
sous les auspices du monarque d'un petit pays, si cet empire,
politiquement rattaché à un peuple européen, demeurait ouvert
au commerce de toutes les nations. Ne fut-ce pas déjà une preuve
que, sous le régime du libre-échange, les jalousies et les antagonismes nationaux disparaissent?

Pour qu'en Chine les compétitions — tournant à l'aigre, — des
grandes puissances d'Occident soient transformées en une coopé-
ration étroite qui aboutit à la délivrance en commun des légations de Pékin, n'a-t-il pas suffi que s'affirme la volonté manifeste
de tous de respecter à l'avenir l'intégrité et l'indépendance économique de l'Empire du Milieu?

Pour qu'à la Conférence d'Algésiras, l'Allemagne abandonnât
à l'égard de la France une attitude rogue et pleine de réserves
menaçantes, n'a-t-il pas suffi qu'on lui assurât sincèrement une
porte largement ouverte au Maroc?

Depuis Algésiras, aucun fait diplomatique n'a plus marqué,
il faut le reconnaître, un progrès du libre-échange. Mais ne peut-
on penser que le problème des Balkans eût été plus facilement
résolu si les nations européennes s'étaient mises d'accord pour
exiger la liberté commerciale dans tous les territoires disputés à
la Turquie? Et si cette liberté commerciale ne s'y pratique pas,
les États balkaniques vivront-ils longtemps en paix? Il y a lieu
d'en douter. Ne peut-on prévoir, en outre, que les grands problèmes prochains, relatifs à l'Asie-Mineure, à la Syrie, à la Perse,
à la Chine... ne pourront être résolus dans une paix certaine, *et*

5.

au profit réel des populations intéressées, que si le principe de la liberté et de la « porte ouverte » préside aux négociations?

Une convention en vue de la liberté commerciale, à réaliser graduellement, en cinq années par exemple, et pour un terme d'un siècle, limitée aux possessions présentes et à venir des grandes nations coloniales apparaîtrait comme un immense progrès et un puissant gage de paix. Elle constituerait le premier pas, probablement décisif, dans la voie du libre-échange entre les métropoles, — quoique, dans ce sens, rien ne pressant plus désormais, les idées eussent tout le temps nécessaire à leur évolution vers la Vérité économique.

TABLES

---

1. Table Systématique des matières.
2. Table Alphabétique des noms cités.

TABLE SYSTÉMATIQUE DES MATIÈRES

I. Documents préliminaires 5

    1° Circulaire d'invitation 7
    2° Comité d'organisation 8
    3° Règlement du Congrès 9
    4° Programme 11
        Programme de la Séance d'ouverture 11
    5° Liste des Membres 15

II. Compte rendu des Séances 21

    1° Séance d'ouverture 23
        Discours de M. Houzeau de Lehaie 23
        Discours de M. Henri La Fontaine 30
        Annexes. — Lettres de félicitations au Congrès 35
            Union Interparlementaire 35
            Bureau International de la Paix 36
            Centre Européen de la Dotation Carnegie 36
            Société Allemande de la Paix 37
            Société Française d'Arbitrage 37
            Association de la Paix par le Droit 38
            Ligue des Catholiques Français pour la Paix 38
            National Peace Council 39
            Peace Society 40
            Algemeene Nederlandsche Bond « Vrede door Recht » 41
        Allocution de M. l'Abbé Richardson 42
        Discours de M. Lucien Le Foyer 43
    2° Séance du dimanche 8 juin à 2 h. 1/2 61
        Liberté du Commerce en temps de Guerre 61
        Paix et Éducation 64
    3° Séance du lundi 9 juin, à 10 heures 87
        Respect des frontières neutres 87
        Presse devant la Guerre et la Paix 94
        Propagande Pacifiste 105

Universités Populaires et la Paix 108
Délégation permanente des Sociétés belges de la Paix 113
4° Liste des Résolutions 117

III. Rapports (1)

1° Le respect des frontières neutres 1
    Rapport de M. F. De Visscher 1.1
2° La Paix et l'Éducation 2
    Ce que la Fédération Générale des Instituteurs Belges, et
       partant l'École communale, a fait en Belgique pour orien-
       ter l'enseignement et les directions éducatives vers les
       idées de paix et de fraternité internationale ....
       Rapport de M. Winnens 2.1
    Pacifisme. École primaire. École normale.
       Rapport de M. Ch. Rossignol 2.2
    Ce que les Universités Populaires peuvent faire pour con-
       tribuer à la propagande des idées de paix et de fraternité
       internationale.
       Rapport de M. Ch. Rossignol 2.2
    Propagande pacifiste.
       Rapport de Mlle Eugénie Hamer 2.3
3° La Liberté du Commerce en temps de guerre 3
       Rapport de M. Ernest Mahaim 3.1
4° La Presse et la Paix 4
    Le Rôle de la Presse devant la Guerre et la Paix.
       Rapport de M. Victor Jourdain 4.1
5° Questions diverses 5
    La Théosophie et la Paix.
       Rapport de M. F. Wittemans 5.1
    Projet de création d'un Comité Permanent des Sociétés
       Belges de la Paix 5.2
    Pax Œconomica.
       Rapport de M. Henri Lambert 5.3

IV. Tables.

Table Systématique des matières III
Table Alphabétique des Noms cités V

V. Errata

V. Errata VIII

---

(1) Imprimés et distribués avant le Congrès, ces rapports font l'objet
d'une numérotation et d'une pagination spéciales.

TABLE ALPHABÉTIQUE DES NOMS CITÉS (1)

A

André (Mme), 65, 71, 72, 76, 77, 93, 107.
Andrews (Mme Fannie Fern), 66 ; **2**.2.

B

Bajer (Frédéric), 34, 42, 47, 89.
Banning (Émile), 89.
Beernaert (Auguste), 29,94 ; **1**.1, **3**.1.
Besant (Mme), **5**.1.
Bignami, 34.
Blavatsky (H. P.), **5**.1.
Bluntschli, **3**.1.
Bodin (Mlle Marguerite), **2**.1.
Bruneau (Alfred), 12, 13.

C

Carlier (Mlle Madeleine), **2**.1.
Cauchy, 88.
Chotiau, 76, 79, 80, 94, 101, 102, 104, 112.
Cockerill (William), **3**.1.

Cocq, 33.
Coppée (François), 11, 12, 23.
Couvreur (Auguste), 31.
Crémer (William Randal), **2**.2.

D

Darby Evans, 34, 40.
Davignon, 89.
De Bustamante, **1**.1.
de Favereau (baron), 89.
De Geynst, 68.
de Jonghe d'Ardoye, 33.
de Laveleye (Émile), 31 ; **3**.1.
de Marès (Roland), 8.
de Neufville (Édouard), 42.
Denis (Hector), 8, 29.
de Novikow, **4**.1.
de Pinto, 41.
Descamps, 103, **1**.1.
de Suttner (baronne), 35.
De Vadder, 94.
De Visscher, 87, 90, 91, 92, 93, 114 ; **1**.1.
Duysburgh (Fl.), 12, 14, 23.

---

(1) Imprimés et distribués avant le Congrès, les rapports ont fait l'objet d'une numérotation et d'une pagination spéciales. Les chiffres en grasse suivis de chiffres en caractères ordinaires indiquent respectivement le numéro de la question à laquelle chaque rapport se rattache et le numéro d'ordre du rapport considéré.

Finck, 3.
Fried (Alfred), 31.

[illegible]

H

Hallet, 33.
Hamer (Mlle), 8, 65, 104, 105, 106, 2.3, 2.4.
Harquet (Karl), 8.
Hacmignie, 33.
Heath (Carl), 33, 40.
Helleputte, 33.
Hodgson Pratt, 31.
Houzeau de Lehaie, 8, 11, 23, 68, 72, 73, 79, 84, 85, 93, 102, 113, 114.
Huysmans, 74, 78, 84.

J

Jacques-Houssa, 8, 71, 96, 110.
Jamar, 66, 67, 77, 78.
Jourdain (Victor), 8, 94, 95, 102, 103, 4.1.

L

La Fontaine (H.), 8, 11, 30, 43, 61, 63, 64, 80, 83, 91, 92, 93, 95, 103, 104, 106, 4.1.
Lambermont (baron), 89.
Lambert (Henri), 5.3.
Le Foyer (Lucien), 12, 43, 61, 88.
Lemmens, 97, 105, 107, 112.
Lemonnier (Camille), 100, 101.
Laeder, 3.1.

M

Mac-Kinley, 2.2.
Maenhaut, 33.
Magnette, 33.
Mahaim (Ernest), 8, 61, 62, 63, 64, 70, 71, 74, 3.1.

Nyssens (C.), [illegible]
Nyssens (Mlle J.), 22, 23.

O

Olcott (H. S.), 5.1.
Ottolenghi, 88; 1.1.

P

Passy (Frédéric), 34, 37; 2.1, 2.2.
Pastur, 33.
Pichon, 56.
Pillet, 1.1.
Piron (Constantin), 12, 13, 23.
Poullet, 33.
Prudhommeaux (J.), 37; 4.1.

R

Renault, 88; 1.1.
Rey (Mme), 71, 83, 98, 108.
Reyers, 33.
Richardson (abbé), 8, 12, 42, 88, 90, 114.
Richet (Ch.), 34, 37.
Richter (Adolphe), 33, 37.
Roosevelt, 2.2.
Rosseels (Mlle M.), 8.
Rossignol (Ch.), 8, 65, 66, 67, 68, 69, 70, 71, 73, 74, 75, 76, 77, 79, 80, 82, 83, 84, 108, 112, 113; 2.1, 2.2, 2.3.
Royer (Émile), 8, 101.
Rutten (Rév. Père), 8, 95, 96, 106, 114.
Ruyssen (Th.), 34, 38.
Ruzette (baron), 33.

S

Sarton, 88, 90, 93, 95, 96, 104.

V

Van den Heuvel, 1.1, 3.1
Van der Mandere (M.), 34, 41
Vanderpol, 34, 39.

Von Liszt, 66.

Wittemans (F.), 97, 79.

Z

Zola (Émile), 12, 13.

Errata

Page 34, ligne 19, lire Van *der* Mandere au lieu de Van *de* Mandere.
» 39, » 28, lire *National* au lieu de *Nationol*.

Rapport (**2**.3) lire : Ch. Rossignol, délégué de la Fédération *Bruxelloise* des Universités Populaires au lieu de Fédération des Universités Populaires *de Belgique*.
» (**3**.1) de M. Mahaim : page 12, dernière ligne, lire *des* Etats au lieu de *et*.
» de M. Jourdain, ligne 2 du titre, lire **4** au lieu de **2**..